杜忠明
著

◎ 杜忠明红色书系 ◎

餐桌上的毛泽东

辽宁人民出版社

© 杜忠明   2018

图书在版编目（CIP）数据

　　餐桌上的毛泽东 / 杜忠明著 . —沈阳：辽宁人民出版
社，2018.7（2021.10重印）
　　（杜忠明红色书系）
　　ISBN 978-7-205-09297-9

　　Ⅰ . ①餐 … Ⅱ . ①杜 … Ⅲ . ①毛泽东（1893-
1976）—生平事迹 Ⅳ . ①A752

　　中国版本图书馆CIP数据核字（2018）第104817号

出版发行：辽宁人民出版社
　　　　　地址：沈阳市和平区十一纬路25号　　邮编：110003
　　　　　电话：024-23284321（邮　购）　024-23284324（发行部）
　　　　　传真：024-23284191（发行部）　024-23284304（办公室）
　　　　　http://www.lnpph.com.cn
印　　刷：辽宁新华印务有限公司
幅面尺寸：165mm×240mm
印　　张：20.25
出版时间：2018年7月第1版
印刷时间：2021年10月第3次印刷
特约编辑：张　放
责任编辑：李翘楚　顾　宸
封面设计：琥珀视觉
责任校对：刘再升
书　　号：ISBN 978-7-205-09297-9
定　　价：59.80元

自　序

　　伊尹发现商汤是个贤德的君主，便经常有意向他提出一些自己的治国主张。一次，商汤向伊尹询问饭菜之事，伊尹借机向商汤说："治理一个大国就像烹煎小鱼一样，不宜翻来覆去，否则小鱼就全弄碎了。治理一个大国也一样，不要动辄扰民，来回折腾……"伊尹的话一下子让商汤脑洞大开，顿有相见恨晚之感，不久商汤便任命伊尹为宰相。在商汤和伊尹的经营下，商部落迅速崛起，最终灭了夏朝，建立了商朝。

　　三千六百多年之后的1927年，毛泽东在《湖南农民运动考察报告》里有这样一段精彩的著名的论述："革命不是请客吃饭，不是做文章，不是绘画绣花，不能那样雅致，那样从容不迫，文质彬彬，那样温良恭俭让。革命是暴动，是一个阶级推翻一个阶级的暴烈的行动。"①说过这段话二十二年之后，中国共产党在毛泽东的统率之下，推翻三座大山，建立了中华

---

　　①《毛泽东选集》，人民出版社1991年6月版，第17页。

人民共和国。

这两个小故事颇值得玩味，人们为什么喜欢拿做菜、吃饭这类小事说事呢？做菜、吃饭是再寻常不过的小事了，但是这些小事却常常深入浅出地揭示出天下大事的深刻道理，折射出一个伟大人物的非同寻常之处。

一滴水也能折射出绚烂的七彩之光。本书撷取了毛泽东在餐桌上发生的五十几个小故事，这些故事从不同侧面展示了毛泽东机智、勇敢的英雄气质；再现了毛泽东节约、简朴的生活态度；突出了毛泽东宽容、平和的工作作风；反映了毛泽东科学、客观的饮食习惯；让我们看到了毛泽东幽默、风趣的乐观主义精神……

现在我们的生活的确好了，餐桌上更是五花八门、花样百出，几千元一斤的长江刀鱼，活蹦乱跳的生猛海鲜，果子狸、"三吱菜"都成了人们口中的饕餮大餐，但是吃过了之后呢？在"端起碗来吃肉放下筷子骂娘"的嚷嚷声之外，这些高大上的物质食粮似乎并没有转化为有价值的精神产品。几千元一斤的长江刀鱼越吃越少濒临灭绝，果子狸吃出了令人谈之变色的"非典"，而"三吱菜"呢，不过是刚刚出生的晶莹剔透的小老鼠，听起来都让人觉得低级趣味。我们是不是应该认真地思考思考呢？我们是不是应该适时地抗拒一下舌尖的诱惑，改一改什么都敢往嘴里吃的陋习，提高一下自己的饮食品位呢？

中国餐饮享誉世界、独出心裁、花样翻新，中华美食是我们民族风格的具体体现，但是我们该扬弃的还是要扬弃，取其精华去其糟粕，这一点，我们应该向毛泽东学习的地方简直太多太多。

毛泽东对吃从来没有什么特殊的要求，在厨师向毛泽东推荐高级补品时，毛泽东说："本人生来不高贵，故高贵之物不敢问津。"① 但是面对普普通通的一日三餐，他却能总结出那么多值得人们思考的至理名言。

他和身边工作人员聊天时有这样的论述："我们活在这个世界上不是为了吃世界，而是为了改造世界。这才叫人，人跟动物就有这个区别。"② 还说："人吃饭是为了活着，而活着就是要工作，要为人民服务。"③

毛泽东还说："我相信，一个中药，一个中国菜，这将是中国对世界的两大贡献。"④ 毛泽东又说："饭是最好的中药。"⑤

毛泽东这些精彩的故事，这些闪光的语言，即使在人们生活水平日益提高、物质文化生活极大丰富的今天，读起来依然振聋发聩，令人掩卷深思。

希望这本书能引领你了解毛泽东完全不同的另一个侧面，

① 吴连登主编：《毛泽东饮食趣谈》，中央文献出版社2012年4月版，第326页。
②③ 吴连登主编：《毛泽东饮食趣谈》，中央文献出版社2012年4月版，第344页。
④ 吴连登主编：《毛泽东饮食趣谈》，中央文献出版社2012年4月版，第337页。
⑤ 邸延生著：《毛泽东和他的卫士长》，新华出版社2006年6月版，第245页。

带给你值得思考的崭新空间。

　　本书在写作过程中承蒙出版社领导和编辑的热诚指导，同时参考了一些书籍、报纸杂志等，在此一并表示衷心的感谢。

杜忠明

2018年于大连

目 录
CONTENTS

自 序 ·· / 001

毛泽东挺进井冈山　袁文才大摆"鸿门宴" ··········001

警卫员冒险买辣椒　毛泽东耐心讲纪律 ············008

刘大娘调制"四星望月"　毛泽东口占妙语连珠 ······013

警卫员超常发挥厨艺　毛泽东严格伙食标准 ········015

洋记者怀揣介绍信　毛泽东高唱《辣椒歌》 ··········022

毛泽东初尝红烧肉　杨起云操办"八大碗" ··········027

蒋介石八万饕餮宴　毛泽东一桌农家菜 ············034

杨家岭设宴　毛泽东划拳 ························038

毛泽东枣园设宴　柯仲平一醉方休 ················044

老友重逢在延安　联句赋诗相见欢 ················049

毛泽东莅临重庆　蒋介石设宴林园 ················052

莅临特园一醉方休　挥笔题词"光明在望" ··········062

毛泽东谈笑风生　冯玉祥大破酒戒 ················067

毛泽东细嚼慢咽　彭德怀心急火燎 ················074

彭德怀活捉刘子奇　毛泽东畅享红烧肉 ………………078

毛泽东住进扶风寨　李银桥分享半条鱼 ………………082

毛泽东宴请老同学　黄国璋细说当年事 ………………086

毛泽东家中设宴　赛福鼎北京入党 ……………………093

王子冀垂涎红辣椒　毛泽东批评王鹤滨 ………………099

进北京李家骥摆放象牙筷子　访苏联毛泽东细说筷子理论…103

五大书记皆海量　四菜一汤求简约 ……………………111

费德林推荐苏联烧鹅　毛泽东赞美中国烤鸭 …………121

毛泽东难倒费德林　斯大林细说葡萄酒 ………………126

"土包子"要吃红烧肉　"洋包子"端来一盘鱼 …………133

李家骥夜半送馒头　封耀松悄然转菜盘 ………………140

山珍海味从不动　粗茶淡饭总相宜 ……………………144

西柏坡米高扬饮酒　莫斯科毛泽东吃鱼 ………………150

哈尔滨摆下盛宴　毛泽东沉默罢吃 ……………………157

毛泽东通宵达旦　王鹤滨莫名其妙 ……………………165

王振海野外挖苦菜　毛泽东桌上忆当年 ………………170

王振海专买高档菜　毛泽东罢吃玉米笋 ………………177

毛泽东爱吃粗大米　王鹤滨走进玉泉山 ………………180

姚淑贤请客　毛泽东买单 ………………………………185

毛泽嵘直言挨饿　毛泽东戏说"搞鬼" …………………194

中南海创办学校　毛泽东品尝窝头 ……………………198

转战陕北品佳县"站羊"　西郊归来吃羊肉泡馍…………203

才饮长沙水　又食武昌鱼 ………………………………210

毛泽东意外光临　萧劲光家中设宴 ……………………215

毛泽东视察灌县　井福街激情如火 ………………………………220

毛泽东宴请赫鲁晓夫　红辣椒撂倒布尔加宁 ……………………225

新立村视察水稻田　毛泽东被困正阳春 …………………………230

毛泽东走进大餐厅　李银桥安排油炒饭 …………………………235

邹春培调侃牛皮菜　毛泽东钟情马齿苋 …………………………241

回韶山毛泽东请客　座谈会毛顺清诉苦 …………………………246

毛泽东故地重游　杨舜琴旧事重提 ………………………………254

毛泽东畅谈黑格尔　门德斯品尝剁辣椒 …………………………261

女儿狼吞虎咽　父亲明察秋毫 ……………………………………267

毛泽东阅读《解放日报》　上海滩宴请工人代表 ………………275

大师傅偶然出差错　毛泽东幽默解心宽 …………………………281

程汝明发明"元帅虾"　毛泽东品尝葱花饼 ……………………286

毛泽东发誓不吃肉　杨纯清调制素菜汤 …………………………296

新春佳节宴名流　长铗归来食有鱼 ………………………………299

毛泽东品尝"赫鲁晓夫"　"古拉希"发源布达佩斯 ………305

毛泽东生日宴劳模　陈永贵五十知天命 …………………………311

毛泽东挺进井冈山
袁文才大摆"鸿门宴"

秋收起义后，仅有八百多人的起义队伍衣衫褴褛，食不果腹，走投无路。是进是退，起义部队面临着严峻的生死抉择。讨论会上，毛泽东铺开地图，双眉紧蹙，沉默良久，终于做出决策。他指着罗霄山脉中段毅然地说："实在不行，我们就上山，到这眉毛画得最浓的地方去当山大王！"① 在革命处于最危急的时刻，毛泽东果断地做出了最符合中国革命实际的选择，率领工农革命军来到了罗霄山脉的井冈山。

当时井冈山上有两支地方农民武装，一个是袁文才部队，

---

① 余伯流、陈钢著：《毛泽东与井冈山》，江西人民出版社 2003 年 11 月版，第 22 页。

一个是王佐部队。他们打富济贫，一直活跃在井冈山的密林之中。红军挺进井冈山，如何对待袁、王这两支农民武装，如何与他们和睦相处？这成了一个至关重要的问题。

袁文才是个穷苦的客籍人，家住茅坪马源坑。1924年因不满地主豪绅欺压，一怒之下参加了绿林组织"马刀队"，1926年9月他率领他的"马刀队"接受中国共产党的领导，率部在宁冈举行暴动，任宁冈县农民自卫军总指挥，同年加入中国共产党。不过，这支部队中还有不少土匪出身的弟兄，绿林习气很重，他们既打国民党，也打家劫舍。

王佐是裁缝出身的穷苦农民，家住遂川县下庄。1921年参加绿林组织，1926年受革命的影响将所部改为遂川县农民自卫军。1927年7月，他与袁文才部会同安福、莲花农民武装，在永新暴动队的配合下，攻克永新县城，组成赣西农民自卫军，与袁文才同任副总指挥。虽然这次举事最后失败了，但是却营救了大批共产党员和农会干部，这些人转移到深山密林之中埋伏起来，等待着革命斗争的新时机。

以上就是这两支具有绿林背景的农民武装的基本情况。

井冈山位于罗霄山脉的中段，地处湘、赣两省交界，这里山高林密，地势险要，地理位置和地形条件非常具有军事上的优越性。这里离长沙、武汉、南昌都很远，偏僻落后，敌人鞭长莫及。这里素称"土匪窝子"，明朝武宗年代，就有一个叫朱宸濠的"老土匪"在这里经营了几十年。民国以来，老山的唐光跃、牛冈山的胡显春、剑岭下的邝天贵、天水湾的谢福兰、五井的朱孔阳等等，都凭借这里的地理地形优势称雄一时。

　　绿林好汉能在这里生存，难道我们红军就不能在此落脚吗？正是基于这样的想法，秋收起义失利后，毛泽东做出了挺进井冈山的英明决策。

　　毛泽东深知，幼小的革命力量在中心城市、县城和集镇里是绝对站不住脚的，"卧榻之侧岂容他人鼾睡"！国民党"宁可错杀一千，不可放过一个"的政策，使共产党人已经无路可走，面对现实，只有走"绿林好汉"这条路，以求生存和发展。而井冈山上的两个头领——袁文才和王佐，以及他们的部下都是本地人，如果和他们发生矛盾，或者消灭他们，就等于埋下了仇恨的种子，将使工农革命军在井冈山难以立足。袁、王两支队伍虽然曾经当过土匪，但是他们如今已经接受了共产党的领导，团结这支地方武装才是上上之策。

　　袁文才毕竟是中共党员，毛泽东决定先从袁文才身上打开缺口。所以，毛泽东在三湾进行"三湾改编"的同时给袁文才

王佐

袁文才

修书一封，由三湾村的李德胜捎信给袁文才，提出"上山"的要求，希望得到他的支持和帮助。

部队进至宁冈古城时，毛泽东又一次召集营以上干部会议。宋任穷在一篇《纪念袁文才、王佐同志》的文章里认证了当时的情况：会议由毛泽东主持，认真分析了袁文才、王佐部的情况，决定首先加强袁文才部党的力量和政治工作，并通过袁文才争取团结王佐部。事实证明，这一方针是完全正确的。那种认为袁、王的部队是土匪武装，主张武力消灭的意见，是极端错误的。

袁文才从李德胜的手中接过毛泽东的亲笔信，仔细琢磨了一番，很难拿定主意，于是，他把和自己结拜为生死之交的龙超清请来一起商议。二十二岁的龙超清是中共宁冈县委负责人，多少知道一些毛泽东的情况，听到毛泽东率部来到宁冈自然十分高兴，并力劝袁文才迎接毛泽东上山。袁文才和毛泽东没有过任何接触，他是不放心的。袁文才决定派司书陈慕平作为他的代表，前去与毛泽东洽谈。陈慕平曾在毛泽东主办的农民运动讲习所学习过，与毛泽东有师生之谊，可以借机摸摸毛泽东的底细，再做决定。

很快，袁文才手下的小头目们都听说了这件事，议论纷纷。有人说："此事要从长计议。他们要是来了，一个桩上拴着两头牛牯，哪有不对角的？"有的又说："自古至今，弱肉强食，叫花子赶走庙祝的事屡见不鲜。毛部上千人，谁可担保他手下的人没有打歪主意的？"可以说，陈慕平还算得上"山头上"有点文化、有点见识的秀才，他力排众议："毛泽东是中国共产党里有名气的人物，有'农民运动之王'的称号，不可妄加评说。"

陈慕平随同龙超清赶到三湾，向毛泽东详细介绍了袁文才部的有关情况，临别，毛泽东赠给他们每人一支汉阳造步枪。听了陈、龙二人的介绍，毛泽东心里对争取袁文才有了谱，决定与袁文才直接会面。

毛泽东有了谱，袁文才听了龙超清和陈慕平的介绍之后，心里却七上八下的，依然没谱，又把贺敏学、李筱甫、周桂春、谢角铭、朱述庵几位心腹找来商议。

贺敏学说："毛泽东同意亲自来见你，宽宏大度，有诚意。"

陈慕平更是极力主张见面，建议摆酒接风。

袁文才的妻叔谢角铭却说："防人一招不为愚。依我之见，明日由桂春带一排人埋伏左右，以防不测。"

陈慕平说："那样不太好吧，被人发现不好……"

袁文才听罢众人的议论，沉吟片刻，说："大叔和桂春也是一片忠心耿耿，尚有可取之处。为稳妥之见，就依了你们。"

袁文才决定与毛泽东见面，地点就在茅坪与古城之间的大苍村。大苍，是东源乡一个山清水秀的小山村，居住着明末清初从福建迁徙而来的十多户客籍山民。谈判的具体地点设在林凤和家里，时间定在10月6日，还有两天就是寒露。袁文才的特务连预先埋伏在林家祠堂里二十多个人，每人手里有一杆枪，约定周桂春放炮为号，否则不得露面。袁文才、陈慕平、邱凌岳、李筱甫等在林家祠堂门口石桥上等候毛委员。石桥地势高，视野开阔，可以看得很远，如果发现毛委员带兵来，他们就会有所警惕，准备战斗。

惊心动魄的"鸿门宴"就这样剑拔弩张地开场了。

与此同时，林凤和按照袁文才的吩咐，把大苍一带在龙江书院读书的几个青年学生张祖钦、张翰翘、林鹤庭、苏兰春等召集在一起，三人一组各守一扇门，不准任何人进屋。农民军队员吴石生在林凤和家门口磨刀霍霍，杀猪剖肚……与当年项羽摆的鸿门宴如出一辙。常言说"太阳底下无新事"，看来这话不假。

毛泽东由砻市经茶梓冲过来，一共来了五个人，毛泽东、团长陈浩、营长宛希先，还有下岗的师长余洒度、勤务员龙开富。他们有的穿大衣，有的穿长衫，毛委员披了件大衣。袁文才见毛委员只带了几个人来，心里放松了许多，主动迎了上去，一直把他们带到林凤和家中。

毛泽东带来的几个人和袁文才身边的几个人在林凤和家的吊楼上，吃着瓜子花生，一边喝茶一边说话……之后又大块吃肉，大碗饮酒，推杯换盏，气氛热烈。

宴席上，毛泽东鼓励袁文才扩大和巩固队伍，坚持革命斗争，最后大方地说："为了我们和衷共济，共创大业，我们送给你们一百条枪，全是汉阳造钢枪，明天派人到砻市来担吧！"说罢，让团长陈浩写了一张取枪的条子，交给了袁文才。

毛泽东在酒桌上如此大方的举动让袁文才以及部下目瞪口呆，热血沸腾，疑虑全消。

这顿饭从上午10点吃到太阳落山，边吃边谈，毛泽东与袁文才谈得融洽。来而不往非礼也，离开林家时，袁文才也大方地送给毛委员一千块大洋。而那埋伏在祠堂里的二十多人却始终没有被毛委员发现，"鸿门宴"变成了"同心宴"。毛泽东的"文攻智取"获得了第一步胜利，工农革命军顺势将部队开进茅坪，在井冈山驻扎下来。从此，中国革命的星星之火，从井冈山燃烧到神州大地的每一个角落。①

---

① 余伯流、陈钢著：《毛泽东与井冈山》。江西人民出版社2003年11月版，第29~40页。

★

警卫员冒险买辣椒
毛泽东耐心讲纪律

★

1930年5月，在江西省寻乌县县委书记古柏协助下，毛泽东进行了寻乌社会调查，对寻乌县的地理、交通、经济、政治、各阶级的历史和现状，进行了全面系统而详细的考察分析。

警卫员看到毛泽东每天这么辛苦地工作，而自己却帮不上什么，便琢磨着毛委员爱吃辣椒，给他找一些辣椒吃吧，改善一下毛委员的伙食。于是，一大早警卫员就出去寻找辣椒。

江西那个地方的辣椒并不是特别多，警卫员挨家挨户地找，下了很大功夫，终于在一户老百姓家的窗前发现了几串晒干的红辣椒。警卫员兴奋地跑了过去，指着挂在窗前的红辣椒向老乡问道："我们首长爱吃辣椒，不知你的辣椒能不能给我一点？"老乡听了，二话没说，伸手就摘了一串鲜红的辣椒递到战士手里。

吃饭的时间到了，饭桌上多了一盘红红的辣椒。毛泽东非常高兴，坐到桌子旁，一边举起筷子品尝，一边兴致很高地问道："这辣椒是从哪里弄来的啊？"

"向老乡要的。"警卫员得意地回答。他想，这下毛委员可要表扬我了。

没想到，正在兴致勃勃吃饭的毛泽东却放下了手中的筷子，站了起来："要的？"他走到警卫员跟前，和蔼地问道："参军后，连长给你讲了'三大纪律八项注意'没有？"

警卫员有点丈二和尚摸不着头脑，莫名其妙地回答："没有。"

"这件事不能怪你，主要是我们对新战士宣传党的政策不够，教育还跟不上。一会儿告诉连长，叫司务长从我的伙食费里把辣椒钱给老乡送去，还要向人家道歉。"然后，毛泽东坐下来和警卫员耐心地解释什么叫"三大纪律八项注意"……①

关于毛泽东吃辣椒的故事简直说不完。

1936年2月，毛泽东与彭德怀亲率红军一军团、十五军团和二十八军团组成的东征军东渡黄河。

---

① 吴连登主编：《毛泽东饮食趣谈》，中央文献出版社2012年4月版，第47~48页。

毛泽东爱吃辣椒，这是毛泽东身边每一个厨师都知道的事情，因此渡河前毛泽东的厨师老高准备了一包红辣椒。不料在渡河过程中，那包辣椒不知被弄到哪里去了。2月20日渡河部队占领了留誉镇，高师傅做饭时才发现辣椒不见了，但是一切都来不及了。

开饭时，毛泽东兴致勃勃地走来，一见没有辣椒，脸马上沉了下来，"哎，辣子呢？"显然，临走时准备的那包辣椒是毛泽东已经安排妥了的。

老高像犯了错误一样低着头解释，以为毛泽东一定会发火。没想到，毛泽东不但没有发火，反而安慰起老高来："没得事，没得事，情况特殊嘛。"结果，毛泽东草草吃了一顿无滋无味的饭。

饭后，为了弥补自己的过错，老高找到卫士小白，要他想点办法，找些辣椒来。小白当时不到十八岁，个子又矮，还像个大男孩，有些不知轻重。他化装成小贩，从留誉镇这头走到那头，也没买到一只干辣椒。后来他竟然冒险跑到三十多里外阎军占领区的中阳镇，终于买到了半斤干辣椒。

晚上，高师傅用干辣椒作料，给毛泽东做了一道菜，还把干辣椒切成小段，特别做了一小碟油炸干辣椒。毛泽东闻着充满香辣气味的油炸辣椒，胃口一下子就上来了，抓起筷子就夹了一口放到嘴里大嚼特嚼起来，真是不亦快哉！一边吃一边赞叹："好香啊，好香啊！"

吃着吃着，忽然毛泽东停下了手中的筷子，像是想起了什么，问高师傅："这辣子从哪里弄的？"

高师傅如实向毛泽东做了汇报。毛泽东严肃起来，"怎么能费这么大的劲为我弄辣子呢？"他把那只装油炸辣椒的碟子往桌边一推，显然有些生气了，"这个辣子我吃不下！"

果然，那碟油炸辣椒，整顿饭毛泽东没有再吃一口。

饭后，毛泽东把小白叫了过来，关爱地说："小白，我谢谢你。以后，可别再这么做了。"

又过了些日子，部队来到霍县城边的一个村子，小白看到了一个卖干辣椒的摊子，高兴坏了，像找到了宝贝一样，一下子把摊子上的干辣椒全买了下来，鼓鼓囊囊地装了一大包。

谁知，这天的辣椒刚端上桌子，毛泽东就叫撤了下去。他说："你们总想让我吃得满意些，可是部队连饭都吃不饱了。我不吃这个，标准高了。"

"吃点辣椒，不算特殊。"小白忍不住嘟囔了一句。

"在平时，是不算，可现在就不同了。"

没有辣椒不高兴，有了辣椒还不高兴，小白显然有些生气了。毛泽东见小白还站在那里嘟着嘴，就说："别愣在那儿给我提意见了，快吃饭去吧！"

4月初，部队攻下了襄陵镇，活捉了阎锡山的一个县长，毛泽东高兴了，对小白说："告诉老高，给我做一碟油炸辣子。"

老高也高兴了，迅速动手，饭菜一会儿就做好了。不但做了油炸辣子，还做了一碗红烧肉。开饭了，毛泽东只吃了一块红烧肉，却把一碟油炸辣椒吃了个干干净净，辣得他大汗淋漓，显得特别开心。①

① 白昊：《毛泽东的特殊爱好》，《纵横》1994年第5期，第46~47页。

刘大娘调制"四星望月"
毛泽东口占妙语连珠

1930年秋天，毛泽东到兴国县的长冈乡作农村调查。长冈乡地处江西省赣州市兴国县城北郊，被毛泽东称赞为创造了"第一等工作"的苏区模范乡。村中的刘大娘老早就盼着毛委员的到来，得知毛委员到来的消息，争着请毛委员到家里吃饭。刘大娘用猪肉片蘸上米粉，下垫芋头片，拌之以酱油、辣椒粉、蒜头瓣等调料，然后分别盛在四个盘子里，三个小盘放在下层，上面叠放一个大盘，一起放在蒸笼里蒸。这是当地人最爱吃的拿手好菜。菜做好了，便请毛委员入席。

毛泽东上桌后，刘大娘端上了热气腾腾的四个盘子。毛泽东见这大盘叠小盘的样式很新鲜，拿起筷子一尝，味道也极为鲜美，便问在座的各位："这菜叫什么名字啊？"孙大爷说这里世世代代只会做，却叫不出名字。陪同前来的乡干部马上插嘴请毛委员为这道菜取个名字。毛泽东嘴里津津有味地品尝着，面对这热情的招待、殷切的期望、奇特的制作、绝佳的美味……毛泽东文思泉涌，忙说："好说，好说，那我就为这菜撰副对联吧：上盘下盘，盘叠盘，猪肉、米粉、芋头片，盘盘装好菜；主料配料，料拌料，酱油、辣椒、蒜头瓣，料料出佳肴。横批是'四星望月'。"

毛泽东出口成章，在场的群众哪里见过这样的阵势，齐声赞好，连称"好联！好联！""'四星望月'，好菜！好菜！"从此"四星望月"的菜名便在兴国传开了，成了兴国人待客的一道美味。

对联是我国传统文化的瑰宝，烹调技术更是国粹。毛泽东将二者无比高妙地结合在一起，给我们以非常有益的启示。中华文化灿烂辉煌，我们恰当地发掘和运用它们，会使我们的生活增添无尽的风采。

在这副对联里，上联和下联将这道菜的制作形式、方法、原料一并概括入联，一副对联就是一道详尽的菜谱，岂不妙哉？由于当时毛泽东考虑到对联的接受群体，所以对联采用的都是口语形式，通俗易懂，明白如话，很合群众的口味，易于流传。语言幽默风趣，可谓菜谱佳联中的上品。菜因对联而名，联以佳肴而美，相得益彰。[1]

---

① 杜忠明著：《毛泽东对联赏析》，中央文献出版社 2005 年 1 月版，第 52~54 页。

警卫员超常发挥厨艺
毛泽东严格伙食标准

1935年10月，毛泽东率领中央红军长征胜利到达陕北保安县吴起镇。1936年7月3日，党中央由子长县瓦窑堡迁到了保安县城，从此，宝安县城便成了继江西瑞金之后的第二个"赤色之都"。毛泽东在保安战斗生活了六个月零七天，先后召开了二十一次政治局或政治局扩大会议，做出了和平解决"西安事变"等一系列重大战略决策，发表了《中国革命战争的战略问题》和《关于蒋介石声明的声明》等光辉著作。同时，毛泽东还在这里会见了美国进步记者埃德加·斯诺，组织了欢迎我国著名作家丁玲的晚会，开办了抗日红军大学，培养了一批我党、我军中高级指挥员。党中央、毛泽东在保安战斗生活的时间虽然不长，但是在中国革命

斯诺为毛泽东拍摄的照片

战争中却发挥了极其重要的作用，因而这里也被誉为红军长征的落脚点和抗日战争的出发点。

　　1936年6月，为纪念陕北根据地创始人刘志丹，保安县改名为志丹县。这是一座荒僻的小县城，地处陕北黄土高原丘陵沟壑区，境内沟壑纵横，梁峁密布，山高坡陡，沟谷深切，气候高寒，交通闭塞，到处是黑黢黢的废弃窑洞，几乎没有商号商铺。这里物产贫乏，粮食产量低，保安群众甚至没有吃新鲜蔬菜的习惯，山药蛋、酸菜是这里一年四季的主菜，到夏天可以吃上几顿豆角，再就没有什么新鲜蔬菜了。那时，像茄子、西红柿、茭白等菜蔬都没有引进，也没有油盐酱醋等生活必需品的集市贸易活动。物资供应本来就十分困难，一下子集中了这么多中央机关，物资供应成为更为严峻的问题。

毛泽东和贺子珍每天的伙食主要是小米干饭和山药，一个星期能吃到一两次面条就算不错了，更好一点的时候或许可以吃到一次肉，有时候毛泽东只好把盐面当菜吃。艰苦卓绝的长征之后，每一位经历者虽大难不死，体能却严重透支，身体虚弱，营养不良，受到严重摧残，毛泽东日夜操劳，身体也越来越消瘦。

一天，几个警卫员在一起商量，无论如何要把主席的生活提高一下，保证毛主席的身体健康。

班长李久长首先说："主席夜以继日地工作，而生活又艰苦，我们得想想办法，给主席改善改善伙食。"

白海山说："保安这个穷地方，什么东西都没有，有钱都买不到，怎么个改善法？再说主席又不让超过伙食标准。"

贺清华说："听说乡下还可以买到腌猪肉和小鸡，我提议把主席的生活费提高一下，主席的身体健康最重要啊！我们要对自己的工作负责。"

萧仲曾说："我同意贺清华的提议，想办法给主席调理好伙食，买些猪肉、小鸡，给主席补养一下身体。"

最后大家一致决定，把主席的生活标准提高一点，给主席改善生活。

此时毛泽东正站在窑洞口，警卫战士的议论被毛泽东听到了，他佯装没听到他们的谈话，问道："你们在说什么？"

"我们在闲谈呢。"

毛泽东说："你们这些小鬼，还骗我呢，我都听见了。我的伙食不能超过标准。井冈山时期，每人每天五分钱伙食，每月下来还有节余，还可以分伙食尾子。在保安伙食已经提高到一角钱了，是井冈山的一倍了。你们不能超支，办法是十天一小结，一月一大结。如果前十天超支了，后十天一定要补上。这月超了，下月补。总之不能超过中央规定，还要节余一点。"

大家议论了半天，想了各种办法，被毛泽东几句话就否定了。

那段时间，战事频仍，毛泽东几乎每天晚上都要没日没夜地在窑洞里召集朱德、周恩来等几个人开会，在墙壁前久久地研究地图，找战将谈话，研究战役。西征红军打胜仗的消息不断传来……那时，恰好斯诺和马海德也在这里，毛泽东差不多每天还要抽出一些时间和斯诺、马海德聊天。

一天下午，中央首长又在毛泽东的窑洞里开会，几个警卫员忙过一阵之后便坐在外面闲聊。这时给首长们喂马的老周走了过来，老周嘴里含着旱烟袋和几个警卫员闲聊起来："你们是怎么给主席办伙食的，看看主席的身体，都瘦成什么样子了？"

警卫员委屈地回答："我们也想给主席改善伙食，可主席坚决不同意，一再叮嘱我们千万不能超过伙食标准，我们也没办法。"

老周笑眯眯地说："你们几个小鬼啊，不管怎么说也要给主席补养一下身子，这是革命的需要啊！"

一个小鬼说："什么东西补养身体最好？"

老周说："补养身体最好是用小鸡。"

贺清华说："我们也知道小鸡营养丰富，可是这穷乡僻壤的，到哪里能搞到小鸡呢？"

老周说："我听说永宁山那个地方有人养了很多小鸡，那里一定能买到。"

说着老周指着眼前的小河说："顺着这条小河往下走，几十里路就到了永宁，你骑主席的小黄马，一天就回来了。"

警卫员们开始了为毛泽东改善伙食的秘密行动。第二天一大早，贺清华骑上毛泽东的小黄马出发了。小黄马是长征一次战斗的战利品，它身型俊朗，身长适度，高矮相宜，浑身赤黄，唯有鬃毛发黑，跑起来像离弦的箭，健步如飞。百里多路，半天就回来了。不但买了两只鸡，还买了毛泽东最爱吃的辣椒。

李久长超常发挥自己的厨艺，在没有调料、没有酱油的条件下，将小鸡做成了"白酥鸡"，还炒了一盘红艳艳的辣椒。大家高高兴兴地给毛泽东端了过去。毛泽东一看马上警觉地问起来："哪儿来的鸡呀？"贺清华说："从永宁山买来的，那里老乡养了很多呢……"

贺清华非常兴奋，一股脑儿把自己买鸡，大家一起杀鸡，李长久大显身手的过程给毛泽东说了个仔仔细细。

静静地听完贺清华的说辞，然而，毛泽东没动筷子，严肃地说："你们这件事没做好呀！"贺清华以为毛泽东嫌鸡做得不合口味，赶忙解释："主席，班长按照南方的做法做的，南方人就是这个吃法。"毛泽东说："大家生活都很苦嘛，我应该和大家一样，不能搞特殊啊！"贺清华的眼泪就要流出来了，他说："主席，你肩上的担子最重、工作最忙，你和大家不一样呀！"在门外观察动静的三个警卫员呼啦一下拥了进来，他们都泪眼晶莹，哽咽地低下了头，说："你就吃了吧！这样下去，你身体会受不了的……"

毛泽东说："不要哭嘛，都是大小伙子了，动不动就哭，我心里也难受嘛！"

毛泽东说着，把白酥鸡拨出一些，说："剩下的这些你们几个吃了它。下次你们要再端上来，你们再哭，我也不会吃的！"毛泽东拿起筷子夹了一块炒辣椒，一边细细地品味一边说："我这个湖南人，只要有辣椒就可以多吃饭喽！"

看着毛泽东动了筷子，大家高兴地走出了窑洞，心里酸酸的，有很多话却什么也说不出来。①

即使是新中国成立之后，毛泽东已经是一国至尊，但是毛

---

① 白黎著：《毛主席在保安的故事》，解放军出版社1984年11月版，第37~43页。

泽东的饮食依然简朴，从不铺张，而且一再要求降低伙食标准。有一次，王鹤滨向毛泽东汇报开支情况之后解释："我们想了点办法，但还是没有降低多少。"

毛泽东说："这么难啊！看样子要下狠心往下压了！"说着，还打手势向下按了按。

毛泽东见王医生往下压的态度不够坚决，继续开导说："第一次国共合作时期，我在国民党政府当一名宣传部长。我和爱人杨开慧同志，还有一个孩子，又请了一个帮忙，一共四口。那时官没有现在大，薪水没有现在多，但生活过得蛮不错啊，每月还有结余。现在呢？周围工作的同志是国家管的，汽车是国家管的，再花费那样多，就不应该了！"①

① 吴连登主编：《毛泽东饮食趣谈》，中央文献出版社2012年4月版，第36页。

警卫员超常发挥厨艺 毛泽东严格伙食标准

★

洋记者怀揣介绍信
毛泽东高唱《辣椒歌》

★

1936年 6月，由宋庆龄牵线，美国记者、作家斯诺与中共华北地下党取得了联系。中共北方局负责人刘少奇委托柯庆施，用隐色墨水给毛泽东写了一封专门的介绍信。他揣着这封特殊的信件，怀着既兴奋又忐忑的心情，带着两架照相机、二十四个胶卷和许多笔记本，与美国医生马海德一起，登上了

毛泽东与斯诺在保安

从北平驶往西安的火车，开始了被后人称为"伟大的探险"的旅程。他是访问苏区的第一位西方记者。

7月9日，毛泽东在保安附近的安塞县百家坪，会见到访的斯诺。此后，毛泽东多次接受斯诺的来访，谈话通常从晚上9点开始，持续到次日凌晨两点。

7月15日，毛泽东和几位红军干部以及斯诺一起吃饭。桌子上溧着土豆、豆角等几个平平常常的小菜，毛泽东的前面还多放了一碗辣椒。那时候，毛泽东每月的伙食津贴只有五元钱，和士兵的生活待遇也差不了多少。毛泽东把辣椒夹在馒头里，吃得津津有味。大家一边吃饭一边聊天。

出于礼貌，毛泽东把装满辣椒的菜碗推到斯诺面前说："斯诺先生，吃点辣子，对你采访中国革命是有帮助的。"

毛泽东的幽默让斯诺感到惊诧："为什么？"

毛泽东有一句"不吃辣椒不革命"的辣椒理论，很多红军干部是知道的，但是斯诺却不知道。毛泽东笑着对斯诺说："不信，你尝一口红军的辣子就知道了。"

"难道苏区的辣椒有什么不同？"斯诺学着毛泽东的样子把辣椒夹在馒头里，刚吃了一口，一股辣味直冲喉咙，呛得他接连打了好几个喷嚏，眼泪不知不觉地流了出来。斯诺惊叫起来："哇！太辣了，我的嘴巴快没了。"

这时，毛泽东开始幽默地阐述他的辣椒理论："斯诺先生，你知道吗？爱吃辣椒的人都是革命者。"

记者出身的斯诺见多识广，但从未听过这样的"辣椒理论"，颇感新鲜，但也觉得有点过于"玄妙"了。他在想辣椒怎么与革命挂上钩了呢？他觉得毛泽东的确伟大、平易近人，也感到毛泽东的辣椒理论实在有趣。斯诺满腹狐疑地反问："是吗？那你说说你的理论根据。"

"这是我专门调查研究得出的结果。"毛泽东似乎为了证明自己的理论，他拿起馒头夹了一个辣椒有滋有味地咀嚼起来。

让斯诺想不到的是，还没等斯诺反击，在座的其他红军干部就纷纷起来反对毛泽东的这套辣椒理论了。

毛泽东笑了，说："你们不信？你看，就拿我们湖南人来说，喜欢吃辣椒是出了名的，所以湖南就以出产革命家而闻名。对不对？你们数数，湖南出了多少革命家，黄兴、陈天华，以及红军队伍中的彭德怀、罗荣桓、王震、贺龙等。中国还有四川，也是如此。外国的，比如有西班牙、墨西哥、俄国和法国，他们也是喜欢吃辣的，所以也产生了许多革命家。"

"毛主席，你知道吗？意大利人也是以爱吃红辣椒和大蒜出名的，他们倒是产生了不少艺术家。"一位红军干部说。

毛泽东据理力争："那他们都是革命的艺术家。"

这时斯诺指着在座的其他红军干部说："毛主席，那他们不吃辣椒，算不算革命家？"

毛泽东说："当然算喽！"

"主席先生，那么你的意思就是说，跟吃辣椒的人干革命也都是革命家喽！"

毛泽东已经明显有些招架不住了，他说："不，不是那个意思。"

"那他们现在就没吃辣椒，他们算什么？"

毛泽东笑了："好，好，我认输。"

大家也跟着开心地大笑起来。一个红军干部说："毛主席，既然你输了，那你就得给我们表示表示。"

"对，给我们表示表示。"大家跟着起哄。

毛泽东若有所思："表示什么呀？革命可不是请客吃饭，要请，我就请你们吃红辣椒。"

"行啊，主席，你不是最喜欢唱那个《辣椒歌》吗，你就给我们来一段怎么样？"一个红军干部提议。大家为这个人的提议喝彩、鼓掌，窑洞里变得更加热闹起来。

毛泽东也不推辞，他高兴地用筷子敲打着桌子上的碗和碟，用他那特有的湖南腔调抑扬顿挫地唱了起来：

洋记者怀揣介绍信　毛泽东高唱《辣椒歌》

远方的客人你请坐，听我唱个辣椒歌。

远方的客人，你莫见笑，湖南人待客爱用辣椒。

虽说是乡里的土产货，一日三餐少不得。

要问辣椒有哪些好？随口能说十几条——

去湿气，开心窍，健脾胃，醒头脑。

青辣椒、红辣椒，

剁辣椒、酸辣椒，

油煎爆炒用火烧，样样味道好。

没得辣子不算菜呀，一辣胜佳肴！

远方的客人你莫见笑，

湖南人实在呦，爱辣椒。

就连这说话也带着辣椒味，

出口哇哇响哎，听起来火撩撩。

只要你细细品品味呀，你就会发现，

辣椒的后面，心肠好哇依子呦。

大家并不是第一次听到毛泽东唱这首民歌，但是唱得如此认真、有滋有味，还是第一次，大家为毛泽东的《辣椒歌》齐声喝彩。

斯诺说："很好，很有味道。"其实，斯诺是个能歌善舞的人，对唱歌也很内行。他觉得，如果从声乐的角度评判，毛泽东唱得并不算好。但他那特殊的湖南腔和认真风趣的特色，使歌声很有味道，似乎也带了一点辣味。

歌声归歌声，理论归理论。但是，斯诺头脑中关于辣椒与革命的关系问题仍未解决。于是斯诺的反问进一步升级："你刚才说意大利人也以爱吃辣椒和大蒜出名，怎么现在不出革命家，反而出了墨索里尼？"看到斯诺这般认真的提问，毛泽东笑了。他用中国一句俗语回答："辣椒是穷人的大荤。"这个带有极大模糊性的回答，使这位同情中国革命的"洋人"，更加摸不着头脑了，但是似乎也不便穷追猛打，关于辣椒与革命的话题以毛泽东的这首《辣椒歌》画上了一个让大家满意的句号。①

---

① 吴连登主编：《毛泽东饮食趣谈》，中央文献出版社2012年4月版，第53~55页。

毛泽东初尝红烧肉 杨起云操办"八大碗"

毛泽东爱吃红烧肉这件事似乎没有人不知道，但是你知道这事的缘由吗？毛泽东爱吃这一口，还要从1914年毛泽东进湖南第一师范那时候说起呢。据毛泽东同班同学周世钊和蒋竹如回忆，该校每个星期六都要给学生"打牙祭"，这一天必吃红烧肉。全国各地的红烧肉大致相同，但是各地也有各自的特色。湘潭的红烧肉用湘潭老抽（酱油）加冰糖、料酒、大茴（八角）慢火煨成，猪肉要带皮的"五花三层"，八人一桌，足有四斤肉。从那时起，毛泽东就爱上了这一口。①

---

① 吴连登主编：《毛泽东饮食趣谈》，中央文献出版社2012年4月版，第58~59页。

但是投身革命之后，生活异常艰苦，很多时候吃饭都成了一个严峻的问题，还上哪儿去吃美味的红烧肉呢？到了延安之后，条件稍稍有所改善，有一段文字记录了毛泽东吃陕北红烧肉的故事。①

那是1939年元旦之后，警卫二连调到了毛泽东身边，负责毛泽东的警卫工作。那时候延安的经济还非常困难，快过春节的时候，毛泽东的炊事员杀了一口猪，毛泽东亲口吩咐管理员拿半扇猪去慰劳警卫二连，还特意给警卫二连写了一封热情洋溢的慰问信。

那时候半扇猪可不是闹着玩的，平时连个肉星都见不到，突然一下子来了半扇猪，那还了得？二连的战士们非常感动。主席给咱们送来了半扇猪，那么二连怎么回报主席呢？大家一商量，干脆过春节的时候请主席来吃一顿！由指导员张吉厚出面去请毛泽东。

春节那一天，张吉厚来到毛泽东的窑洞，说明了二连战士的心意。

毛泽东笑了："饭我就不吃了，谢谢你们的好意。你回去跟大家讲清楚。"

大家为什么让张吉厚去请毛泽东呢？因为张吉厚比较善于言谈。他说："主席，全连干部战士推举我来请你，你不去我交代不了啊！"

---

① 吴连登主编：《毛泽东饮食趣谈》，中央文献出版社2012年4月版，第58~59页。

"哟，看来你是下命令了？"毛泽东说，"那不去不行了，你就请了我一个？"

"就请你一个。"

"还有其他人吗？"

"没有。"

"那我再推荐几个人行不行啊？"

"行啊！"

"周恩来、任弼时……好，就这样说定了，往下通知。"毛泽东终于答应了张吉厚的邀请。

虽然请了毛泽东、周恩来、任弼时几个贵客，但是连队里其实并没有专职的炊事员，也没有什么人会做菜。连长惠金贤临时指定三排长杨起云负责做饭。杨起云按照陕北人的习惯摆了一桌"八大碗"，陕北的"八大碗"有"软八碗"和"硬八

毛泽东、周恩来、任弼时在延安

毛泽东初尝红烧肉　杨起云操办『八大碗』

碗"之分，其中"软八碗"由四碗荤菜和四碗素菜组成，而"硬八碗"则由八大碗荤菜组成，其中包括酥鸡、丸子、炖羊肉、烧肉等等，这些都是延安的传统美食精华。按照当时延安的经济情况，二连是不可能拿出"硬八碗"的，根本没那么多品种的肉，估计弄个"软八碗"都勉为其难。但是，杨起云的"八大碗"有一碗烧肉还真的引起了毛泽东的兴趣。陕北的红烧肉与湘味的红烧肉又有不同，但见整碗都是大肥肉块，一块肉就有一两多，足有拳头大的红烧肉八大块装满了一大碗，大概是取个吉利吧。毛泽东望着碗里的大块红烧肉吃惊地问："你们陕北就这么会餐，这大肉块子谁能吃得了？"

惠金贤说："咱们在陕北，当然要按照陕北的习惯来了。"

"那你带个头，先吃一块。"毛泽东说。

"我吃肉不行。"惠金贤说，"我给你找个人。"

毛泽东用筷子夹了夹，还是没敢尝试，笑着问："这是谁的杰作？"

"杨排长做的。"惠金贤回答。

毛泽东说："那请他先吃。"

杨起云会做肉，也能吃肉。他拿起筷子夹一块大肉放进嘴里，三口两口就咽到了肚里。杨起云一连吃了两块，毛泽东竟然为杨起云鼓起掌来，"你真行。"

惠金贤说："主席你也吃一点。"

毛泽东看着那腻人的大块红烧肉，还是有些犹豫，说："分成几块，几个人吃行不行？"

惠金贤说："行啊！"

毛泽东小心翼翼地用筷子夹了一小块，先用舌头舔了舔，感觉味道还不错，又尝试着咬了一大口，顿觉齿颊生香。

这是毛泽东在延安吃红烧肉的最早记录。

毛泽东在不同时期吃的虽然都叫红烧肉，其实在各个不同时期、不同地点、不同的厨师手艺，红烧肉的风味有很大变化。

韶山的红烧肉又与延安不同。据毛泽东的侄女毛小青讲，正宗的韶山红烧肉应该是五花肉和红薯一起烧制的，这种做法与其他各地的红烧肉都是不同的，风味独具。其做法是先把红薯切块过油，硬皮，然后将五花肉腌制好，过油，最后将肉与红薯放在一起，红薯在下，肉在上，慢火炖熟。这种方法烧制的红烧肉颜色诱人，鲜嫩可口，油而不腻，咸中带甜。

韶山属于山区，除了水田，山坡的很多沙地都适合种红薯，红薯的产量很高，既可当主食又可当副食。以前这里生活艰苦，老百姓平时难得吃上一点肉，只有逢年过节才能吃上一顿。但是毕竟肉也不多，于是就想出了这种办法。红薯和红烧肉放在一起颜色相近，乍一看一大锅，既有面子又能吃得饱。而且这种做法从营养学上来看也有一定的合理性。首先二者搭配使口感更佳；其次，避免了单纯吃红烧肉过于油腻的不足；第三，红薯本身也富含营养。[①]

1957年，毛泽东去江西，在列车上吃了一顿江西风味的红

① 吴连登主编：《毛泽东饮食趣谈》，中央文献出版社2012年4月版，第67页。

烧肉，毛泽东吃过之后记忆深刻，不止一次说火车上的红烧肉好吃。毛泽东既然说好吃，大家就要动动脑筋分析一下，为什么江西的红烧肉给毛泽东留下了这么美好的印象？原来食材有些不同。

当时是汪东兴陪毛泽东去的江西，汪东兴是江西人，到江西之后，汪东兴就从乡下带来了一些新鲜猪肉，那时乡下的猪肉都是吃农民自家的猪食料，肉质好，猪肉肯定好吃。

另外，江西的做法和中南海的烹调方法也不同。中南海的厨师为了让毛泽东能吃到心仪的红烧肉，是颇费了一番心思的。因为红烧肉的原料一般都很肥，做熟后吃着虽然香，但是脂肪多、胆固醇含量高，对身体健康不好，所以厨师想了不少办法，既要让毛泽东吃上红烧肉，又要想办法尽可能少摄入一些脂肪、胆固醇。首先，选用上好的五花肉或肋条肉，皮上的毛燎刮干净后切成酒盅大小的肉块；将切好的肉块和少许姜葱放入锅中爆煮，将肥肉中的脂肪尽量煮出来；最后加少量豆豉炒干，再加上糖色，加入少许黄酒、汤等等，小火煨烧。这样烧制的红烧肉，肉虽肥但是油脂已经煮出来一些，好吃不腻。

江西厨师的烹制方法与中南海厨师的烹制方法不同。首先，要把猪肉放在微火上慢慢煮熟，再把煨好的肉切成块在烤箱里烤一下，然后才放到锅里烧。在烧制过程中，往大勺里扔几块大料、桂皮、葱姜，不放酱油，文火慢烧。毛泽东能吃五六块。

且说陕北的三大战役之后，毛泽东要求吃一碗红烧肉补补脑子，却引起了卫士和炊事员的格外注意，大家商量着给毛泽东的伙食多变些花样。可是，毛泽东却对李银桥说："不要乱忙，我不是为了吃口味，你弄了我也不吃，我就是补补脑子好工作。你只要一星期给我保证两顿红烧肉，我肯定打败蒋介石！"①

工作人员不敢造次，只好照着毛泽东说的去办，隔三岔五为毛泽东做上一碗红烧肉。他果然实现了他的诺言，打败了蒋介石。

新中国成立后，毛泽东的主要精力用在了经济建设上，经常往全国各地跑，经常到各地巡视，下乡多，写东西也多。毛泽东写起东西来和打仗一样，灵感来了一泻千里，根本不管昼夜。这个时候，毛泽东对吃饭毫无讲究，烤面包片、烤芋头、麦片粥，都可以充饥。但是有一条，每隔三五天要给他来一碗红烧肉，而且要肥点的。

但是，医生和保健人员又有要求，有预先定好的食谱，不能总给毛泽东吃红烧肉，所以如果有一段时间吃不到这一口，毛泽东就会亲自到厨房里去，诙谐地说："怎么，是不是最近张飞没赶集了？"

这个时候炊事员就明白了，马上给毛泽东做一碗红烧肉，有保健医生开出来的食谱也没有用，他们不敢和毛泽东唱反调。②

① 王伯福主编：《毛泽东轶事大观》，山东人民出版社1997年1月版，第344页。

② 吴连登主编：《毛泽东饮食趣谈》，中央文献出版社2012年4月版，第64页。

毛泽东初尝红烧肉　杨起云操办『八大碗』

★

蒋介石八万饕餮宴
毛泽东一桌农家菜

★

1940年春，旅居新加坡的爱国华侨领袖陈嘉庚，带着南洋广大华侨的殷殷嘱托，率团回到祖国慰问抗日军民，第一站当然是战时首都重庆。蒋介石十分重视，下令不惜一切代价做好接待工作，务必让陈嘉庚满意。

蒋介石如此重视陈嘉庚，那是有原因的。

陈嘉庚是同盟会出身的爱国老华侨，抗战开始后，他作为南洋华侨总会主席，负责整个东南亚地区华侨支援祖国抗战的工作。在他的组织领导下，广大侨胞每个月都向国内捐钱捐物。三年以来，广大华侨通过总会，共为祖国筹得约合四亿多"国币"的款项，物资无数，蒋介石把陈嘉庚当成了财神。

抗战的生命线滇缅公路建成后，司机和修理工奇缺。陈嘉庚登高一呼，三千多名华侨青年挥别亲人，冒着敌人的炮火，日夜不停地奔忙在滇缅公路，抢运军需物资。可以说，没有陈嘉庚和广大华侨，抗战的胜利也许要推迟一些时日的。

按照蒋介石的指示精神，国民政府成立了阵容庞大的欢迎委员会，由中央宣传部、财政部、侨委会等二十多个党政军重要部门组成，迎接陈嘉庚的到来，规模简直是空前的。在国民党财政极其拮据的情况下，蒋介石特批列支了充足的接待资金，其中光宴请费用就达八万元。根据中国价格史资料推算，当时这笔钱能买八百头牛！按现价计算能达到一千万元，令人瞠目。

结果，陈嘉庚在重庆的六十多天里，正事没时间去做，每天被迫在各种宴会中疲于奔命。但不管什么山珍海味，陈嘉庚还是食不甘味，一口也咽不下去，他知道大敌当前的中国是多么缺钱。但是他没想到，"前方吃紧、后方紧吃"竟是战时首都大小官员的常态，这让陈嘉庚异常反感和痛苦：这样的政府能领导全民共赴国难吗？民族复兴还有希望吗？

无奈，陈嘉庚连续三天在国民党《中央日报》刊登罢宴声明，这在全世界也是少见的。声明说：

"在此抗战中艰难困苦时期，望政府及民众实践节约，切勿消耗物力！"

重庆让他感到窒息，到滇缅公路看望过侨胞的子弟后，尽管蒋介石不高兴，陈嘉庚还是决定奔赴传说中的延安，他要呼吸一下新鲜空气。

看到阳光普照的延安，陈嘉庚如拨云雾见青天，心情一下

蒋介石八万饕餮宴　毛泽东一桌农家菜

延安军民欢迎陈嘉庚

子就灿烂起来了。

1940年6月1日晚，毛泽东设宴款待陈嘉庚。延安比不得重庆，这里没有金碧辉煌的宴会大厅，也没有价值连城的山珍海味。这次宴请是在露天举办的，就设在毛泽东的窑洞外。餐桌更是特别，一张大桌面搭在破旧的小方桌上，桌面坑坑洼洼，铺就了几张旧报纸遮丑。吃的是毛泽东自家菜园子里种的大白菜、豆角，最讲究的不过是每人一碗鸡汤，还是汤多肉少。

毛泽东恳请客人谅解，说实在拿不出什么好东西。至于鸡汤，毛泽东如此解释："这是邻居大娘家唯一的一只鸡，正下着蛋呢，她听说我贵客临门，悄悄宰了送来的。"

陈嘉庚一听，差点落泪。身居山沟的共产党质朴廉洁，官民关系水乳交融，还有上上下下饱满向上的精神状态，这些跟重庆的腐朽堕落截然不同，形成鲜明的对比。

一回到重庆，精神焕发的陈嘉庚马上召开记者会，直截了当地告诉全国人民：延安让我"如拨云雾见青天"，中国的希望在延安，"为我大中华民族庆幸！"从此陈嘉庚与国民党分道扬镳。后来，南洋华侨的巨额捐献不再给国民党，而是源源不绝地流向中共领导下的抗日根据地，其中包括中央领导层使用的福特轿车。

此前，因为国民党是"正统"，又值大敌当前，陈嘉庚一直是坚定的拥蒋派。陈嘉庚的转变重创了国民党的合法性，蒋介石大为震惊、恼火，深感耻辱。他一辈子也想不通：我对他那么好，他为什么打我的脸？为什么去了一趟延安，就变了一个人？共产党到底用什么"买通"了陈嘉庚？

作为大地主、大资产阶级的代表人物，蒋介石当然不会明白，东拼西凑的一顿农家饭，怎么会有如此功效。他不知道也不理解，共产党一个攻无不克的传家法宝，竟是艰苦奋斗的作风。艰苦奋斗中蕴含着丰厚的精神宝藏，蕴含着人心向背的密码，根本不能用金钱和物质来衡量。

蒋介石八万饕餮宴不抵毛泽东一桌农家菜。老百姓心中有杆秤，重庆的挥金如土，暴露了他们的愚顽落伍，暮气沉沉，走向没落；延安则坚定地站在人民一边，顺应和引领时代潮流，共产党的青春活力和精神魅力熠熠生辉。两相对照，陈嘉庚和全体中国人民一样，不可能有第二种选择。[1]

---

[1] 习骅：《共产党是如何打动陈嘉庚的》，2014年10月10日《中国纪检监察报》，第6版。

★ ———————

杨家岭设宴
毛泽东划拳

——————— ★

1941年 1月27日是中国农历大年正月初一，中午中央机关在大食堂里设宴招待杨家岭村的群众。

杨家岭距离延安很近，由延安城向西北方向走两三公里，便是毛泽东等中央领导和中共中央机关的所在地——杨家岭。这是一个很小很小的村子，小到全村只有十几户人家。从1938年11月下旬开始，因为日本鬼子的飞机频繁轰炸延安城，中共中央从安全角度考虑，便由凤凰山搬迁到了这个不显山不露水的小村庄。杨家岭原名不叫杨家岭，它是明朝工部尚书杨兆祖的宗室陵寝，所以这里原来的名字叫杨家陵，中共中央的驻地叫"杨家陵"，总是觉得有点别扭，于是1939年人们将其改为杨家岭。这里很幽静很隐蔽，四面环山，中间是一条小沟，很难被经常来延安轰炸的日军飞机发现。中共中央来到杨家岭后，在杨家岭先后建起了中央大礼堂、中央办公厅大楼，开挖了石窑洞十四孔、接口石窑洞十九孔，建瓦房一百余间，并在山腰挖土窑洞一百余孔，从此这个小村庄开始"繁荣"起来。

还好村子不大，村里每家派来一名代表，毛泽东、朱德、张闻天、周恩来等中央领导分坐在几个方桌子旁。虽然群众在村里经常能见到这些大人物，但是近距离接触这些"大官"的机会并不多，因此今天肩并肩地挨在一起吃饭饮酒，乡亲们都显得很不自然，有点放不开。已经开宴很久了，乡亲们依然默不作声地闷头饮酒。

毛泽东看着眼前的气氛笑了起来，率先端起酒杯说了一通很实在的话："我这里等于是一次乡村聚会，我也是一户人家的代表，只是我这个户是大户，人多。你们把我们看成杨家岭

杨家岭毛泽东故居

一户人家、一位乡亲，大家就不会生分了。来来，喝酒，不要抹不开嘛……喝酒……"

毛泽东这段实实在在的话说到了点子上，起到了立竿见影的效果，乡亲们立刻放松了许多，大家端起大碗放量开喝。那时候的物质条件大家是可想而知的，老乡在家里肯定吃不到中央食堂里那些东西的，再说了又是过年，吃起来喝起来一会儿就把拘谨和矜持抛到了脑后。酒一下到肚子里，胆子立刻膨胀起来，喉咙里吼出来的声音也比平时高出了许多，早已经把中央这些"大官"忘到了一边。几个胆子大一点的老乡，一边端起碗来碰杯，一边大声地划起拳来。

老乡们喝酒比较好胜，他们自己喝好了似乎觉得还不过瘾，好像能灌醉这些陪酒的"大官"那才是真本事。于是几个老乡捅捅咕咕，第一个目标盯上了憨厚老实的朱总司令。但见朱总司令眼前摆着一个大酒坛子，一副来者不拒、无所畏惧的样子，似乎随时等待着别人的挑战。其实，朱德的酒量很一般，但是他摆出的那种姿态让老乡摸不着底细，一个个并不敢轻易挑战。于是，人们将目标移向了毛泽东。他们觉得毛泽东一副书生模样，一定没什么酒量。

毛泽东一看这些老乡冲自己来了，马上说："我喝酒不行，喝酒不行。"

老乡们就等着这句话呢，你行我们可就不行了。老乡们敬起酒来是非常执着的，毛泽东怎么能拗过这些平时擅饮的老乡呢？只好端起大碗喝了一个底朝天。这下可坏了，杨家岭的老乡一家一个代表，纷纷端着手中的大碗向毛泽东走来……

"你们这是搞车轮战呀，我一个人怎么喝得过你们这么多人啊……不行不行……"

老乡们想想也觉得不太公平，于是有人提议和毛泽东划拳，划拳决胜负，谁输谁喝酒。

这时，毛泽东的警卫员不干了。主席什么时候划过拳，划不过还不是多喝酒！给主席灌醉了要难受好几天，要影响工作的……警卫员这么想着，就上前去阻止几个"胆大包天"的老乡。毛泽东却很不以为然，他摆摆手说："不要扫老乡的兴，划拳就划拳嘛。"

"主席，划输了可是要喝酒的，一碗！"警卫员紧张地说。而此时老乡已端着大碗示威一样伸到了毛泽东的眼前。

"那当然喽！"毛泽东面色红润，没有一点要讨价还价的意思，只见他挽起袖子，准备应战。警卫员和其他桌子上的人们也瞪起眼睛，被毛泽东拉开的架势镇住了。

老乡们平时喝酒总是玩这套把戏，谁是高手大家早已经心中有数，于是推举了一个划拳老手，那架势是志在必得的。这时，其他桌子上的人们也都围拢过来，大家还从来没见过毛泽东划拳，同时也为毛泽东捏了一把汗！

划拳，一般是两人对坐，各自伸出右手，并按比赛规则比出0至5的数字，攥拳代表0，同时口中喊出0到10中的一个数字，谁喊出的数字与二人手指相加所得数字一致，谁就是赢家，对方被罚喝酒。如果双方都喊对了，算平局，继续再划。手比出的数字不能大于喊出的数字，那样算失误。划拳一般是有口诀的，各个地方的口诀稍有不同。比如：宝拳一对（双方

杨家岭中央大礼堂

都出拳，和为0）、独占一、哥儿俩好、三星照、四喜发财、五魁首、六六六、七巧、八匹马（还有"八马双杯"，双方手指均出4，这时输家要喝双杯）、快喝酒（9）、全来了（每人各伸出五指，加起来正好是10），等等。

划拳的技巧还是比较多的，一要快，出手快，嘴里报数快，大脑反应快；二要变化多，手指数字变化多，口中报数变化多，不让对方找到规律。

完全出乎大家所料，毛泽东出手极快，变化多端，让人眼花缭乱，对方根本不是毛泽东的对手。虽然大家第一次见识毛泽东划拳，但是从毛泽东出拳的水平分析，肯定不是第一次，估计在韶山乡居之时、长沙求学之暇，还是玩过的。他那只大手屈伸有致，变化莫测，让对手不知所措，张口结舌。往往在大家莫名其妙之中，对方已败下阵来。那自认是划拳高手的老乡根本不是毛泽东的对手，即使后来又上来几个，也都纷纷不堪毛泽东高妙手法的比拼，一个个败下阵来，喝得酩酊大醉。

大家瞠目结舌，一片惊呼，问毛泽东这绝招什么时候学的。

毛泽东哈哈大笑，说是瞎蒙的。又说，划拳就是不能和对方所报数字相同，两个人两只手，有十个指头，数字也在十以内，最好是出一个指头，或者出五个指头，这样相同的机会就少得多……

大家不解地问，我们见你经常伸出好几个指头，并不是出1和5啊！

毛泽东狡黠地眨眨眼，"这叫心理战术，我出了一次小数，他们下次就会叫小数，如果我再出小数，不是正撞人家枪口吗？要变幻莫测，和打仗一样。"

一个杨家岭的老乡和中国最伟大的、独一无二的、高深莫测的军事家划拳比赛，胜负还用猜吗？从此，乡亲们再和毛泽东同桌共餐，没有任何人敢和毛泽东比酒量了，更别说划拳论英雄了，他们甘拜下风。①

杨家岭设宴　毛泽东划拳

———————————

① 朱敏著：《我的父亲朱德》，人民出版社2009年9月版，第95页。

★

毛泽东枣园设宴
柯仲平一醉方休

★

延安文艺座谈会之后，由于丁玲的《"三八"节有感》和王实味的《野百合花》受到大家的一致猛烈批评，再加上《解放日报》也因种种原因经过了大刀阔斧的整改，一向无所顾忌的延安文人一下子受到了惊吓，变得胆怯起来，曾经热闹非凡的《解放日报》副刊稿子一下少了很多，这件事惊动了毛泽东。

1942年9月中旬，毛泽东把舒群找到了自己的窑洞，一边商量一边起草了一个《〈解放日报〉第四版征稿办法》："解放日报第四版稿件缺乏，且偏于文艺，除已定专刊及由编辑部直接征得之稿件外，现请下列各同志负责征稿。"①毛泽东直接点

①艾克恩：《延安文艺回忆录》，中国社会科学出版社1992年5月版，第103页。

名提出请陈荒煤、江丰、张庚、柯仲平、范文澜、邓发、彭真、王震之、冯文彬、艾思奇、陈伯达、周杨、吕骥、蔡畅、董纯才、吴玉章等十六位同志提供文学、戏剧、美术、音乐等各个方面、各文化领域的稿件，还规定每人每月须征稿六千字到一万二千字，并具体要求对征集的稿件从思想内容到文字个性润色等全面把好关。

副刊征稿办法拟定之后不久，毛泽东特在枣园摆下两桌酒席，宴请这十六位撰稿人。

那是一个晴朗的秋日，空气温度还没有下降，黄土高原依然徘徊着夏日的暑气。解放日报社社长博古和总编舒群各牵着一匹马来到清凉山的山脚下。

舒群牵着马站在那里却止步不前，他回头对博古说："我已与老柯约好同行，是不是应该等一等他呢?"

枣园

博古知道这两个人的关系。柯仲平已逾不惑，舒群将近而立，年龄整整差一轮，都是古道热肠之人，也都是好酒贪杯的刘伶后代。听了舒群的话，博古回答得痛快："好，你等一等他吧，我先走了，快来，快来，毛主席备有好酒等着你们，你们痛痛快快地过一番酒瘾……"

说罢，博古纵身上马，"嘚嘚嘚"一溜烟儿就不见了，留下了一阵欢快的马蹄声。

当时毛泽东临时住在枣园，远远望去可见一围牢固的旧式墙院，想必是当年哪个大地主的深宅大院吧！走近之后但见一扇黑色小门，走进小门，敞开一片宽阔的院场，树荫下一方赭色的旧桌子上，毛泽东、王若飞、博古还有另外一个同志正在那里玩牌。

人陆续到齐了，毛泽东与紧挨着的博古低语了几句，然后起身说道："……诸公驾到，非常感谢，今在枣园摆宴，必有所求……"[1]接着毛泽东宣读了一遍《解放日报》第四版征稿办法，然后又说："俗话说，吃人口短，吃人一口，报人一斗。吃亏只这一回，但不许哪个口上抹石灰。办好党报，党内同志人人有责，责无旁贷。我想诸位专家、学者必然乐于为第四版负责……当仁不让、有求必应、全力以赴、取之不尽、用之不竭……"[2]毛泽东语言幽默、妙趣横生、严肃而生动，与

---

① 艾克恩编：《延安文艺回忆录》，中国社会科学出版社1992年5月版，第106页。

② 艾克恩编：《延安文艺回忆录》，中国社会科学出版社1992年5月版，第106~107页。

会者无不感动。接着，毛泽东热情洋溢地向大家敬酒。这次枣园之宴打开了大家的心结，为解决《解放日报》副刊稿源问题起了很大的作用，同时对全党努力、共同支持办好《解放日报》也收到良好的效果，渐渐的副刊又变得活跃起来。

众人边吃饭边交谈，直到很晚方才尽兴而散。毛泽东送走客人，却见柯仲平一个人仍然坐在那里又吃又喝，兴致正浓，便叫来文艺版编辑舒群，又让警卫员添上两个碗，将每只碗里都斟满了酒，说道："喝吧，老柯、大舒，'酒逢知己千杯少'。"

柯仲平接口吟道："话不投机半句多。"

毛泽东吟道："兰陵美酒郁金香，玉碗盛来琥珀光……"

柯仲平抢着说："但使主人能醉客，不知何处是他乡！"

吟罢，三人各饮了一碗。毛泽东见柯仲平对答如流，非常高兴，他说："老柯，你带个剧团，常年奔波他乡，辛苦了。喝吧，这是慰劳酒，慰劳酒！"

柯仲平说："感谢你，是你——毛主席批给我三百块钱，让我搞起这个剧团。"

毛泽东说："让你去受苦受难。"

柯仲平说："过惯了，我愿意和老百姓在一起。"

月光如水，夜色已浓。舒群悄悄写了个字条，背着毛泽东递向柯仲平，欲劝他罢饮归去，不料却被毛泽东截住了。毛泽东看了一眼，笑了笑，撕掉字条，劝二人继续喝下去，直到柯仲平喝到不能再喝了，这才散席。他把客人送到屋门口，望着柯仲平和舒群远去。

　　柯仲平喝多了，骑在马上左摇右晃，行至半道从马上摔了下来，舒群下马搀扶，二人东倒西歪，没走多远，竟卧地呼呼大睡。不一会儿，毛泽东带着两个警卫员又赶了来，叫醒二人，扶上汽车，亲自送他们回机关。①

　　① 杜忠明著：《毛泽东以诗会友》，辽宁人民出版社2014年1月版，第126~129页。

老友重逢在延安
联句赋诗相见欢

1945 年 7月，时任国民参议员的黄炎培到延安访问。第二天，毛泽东宴请黄炎培，周恩来、陈毅作陪。席上拿来了延安少见的茅台酒，宾主谈笑风生，洋溢在一种团结和快乐的气氛之中。陈毅一时兴起，提议联句助兴，大家赞同。毛泽东起首句："延安重逢喝茅台，"周恩来接句："为有佳宾陕北来。"黄炎培念了自己过去诗中的一句："是真是假我不管。"陈毅接着也念了黄炎培过去诗中的一句："天寒且饮两三杯。"

原来这里面有一个有趣的故事：1943年黄炎培应沈钧儒之请，参观有沈钧儒次子沈叔羊画作的画展，其中有一幅画题目上写着"茅台"二字，画面上有一把酒壶、几只杯子，沈老请

毛泽东陪黄炎培等在餐桌上

黄炎培在上面题词。黄炎培忽然想起了红军长征路过茅台镇的一个谣传：红军长征四渡赤水的时候，路过贵州省茅台镇，国民党就此大肆造谣，说红军在茅台镇停留期间，纵容官兵在茅台酒厂的酿酒池中洗脚。黄炎培当然知道，共产党怎么会做出这等焚琴煮鹤煞风景的事情来呢？于是黄炎培在画作上题了这首《茅台酒歌》，为红军辟谣。沈叔羊自己称此画仅为其父"画以娱之"，然而由于黄炎培题上了这样一首诗，这幅画作陡然升值，竟然辗转被呈送到毛泽东手中，最后竟然挂在了延安杨家岭接待宾客的中共会客堂里。这首七绝《茅台酒歌》，用调侃幽默的语调耻笑国民党的无知：

喧传有客过茅台，酿酒池中洗脚来。
是假是真我不管，天寒且饮两三杯。

"天寒且饮两三杯"，这一句说明了黄炎培对国民党喧传的态度，有人在酿酒池中洗脚，谁还喝这种酒呢？我黄炎培喝了，这就从根本上否定了国民党的谣言。喧传，不是宣传，喧传就是盛传。这首诗后来流传到了延安，广为人知。因此，毛泽东听了黄、陈的联句后，知道用的黄炎培原诗里的句子，连说："不算！不算！从头再来。"他又起首句："赤水河畔清泉水。"周恩来续句："琼浆玉液酒之最。"黄炎培接着吟诵："天涯此时共举杯。"陈毅结尾："惟有茅台喜相随。"

　　吟罢，大家相视，抚掌大笑。此事一时在延安传为佳话。①

---

　　① 杜忠明著：《毛泽东以诗会友》，辽宁人民出版社2014年1月版，第176~178页。

★

毛泽东莅临重庆
蒋介石设宴林园

★

1945年 8月28日下午3点37分，一架草绿色三引擎
专机在人们期待的目光中降落在重庆九龙坡
机场，毛泽东一行应蒋介石之邀抵达重庆。

飞机的舱门打开了，最先出现在大家面前的是面带微笑的
周恩来。周恩来走出舱门，一闪身站在舷梯的一侧，这时从机
舱里走出来的是毛泽东。他头上戴着一顶白色的巴拿马盔式
帽，身着灰蓝色中山装，雍容大度地出现在大家的面前。在舷
梯上，毛泽东和周恩来并排站在那里片刻，他伸手摘下了头上
的巴拿马盔式帽，向下面潇洒地挥动着，深邃的目光向着下面
攒动的人群凝视着……少顷，他健步走下飞机舷梯，迎着眼前
热情、欢乐的人群走去。

毛泽东、周恩来在重庆九龙坡机场

　　重庆九龙坡机场自建成以来，第一次呈现出这么热闹的场面，共产党方面前来迎接的同志、国民党方面派来迎接的要员、各民主党派的代表、闻讯而来的记者，黑压压的一大片，足有几百人。蒋介石并没有给毛泽东特殊的礼遇，而是刻意低调对待了毛泽东的到来，表示出了蒋介石的无可奈何。机场上没有鲜花，没有仪仗队，也没有政府首脑，蒋介石只是象征性地派出了国民党中央执行委员会委员周至柔将军作为他的代表，前去迎接毛泽东的到来。因为考虑到毛泽东是国民参议员，所以也派国民参政会秘书长邵力子、副秘书长雷震前去迎接。从蒋介石派去的几个迎接人员就能看得出来，蒋介石在向人们暗示：我并不承认你共产党的合法地位，也不承认你毛泽东的合法地位，你只是一个国民参议员而已！

重庆各个民主党派，重庆新闻界的记者、文化精英们却与蒋介石不同，他们是认可毛泽东的。民主同盟的首要人物张澜、沈钧儒，无党派人士章伯钧、黄炎培、左舜生、冷遹，国民党左派陈铭枢、谭平山，以及从苏联刚刚回来的郭沫若夫妇……他们都亲自到机场迎接毛泽东的到来。国民党元老冯玉祥因故未能到机场迎接，派自己的夫人李德全代表自己前去迎接毛泽东。那些兴奋莫名的中外记者们，早已按捺不住内心的好奇，毛泽东刚刚走到地面，他们一拥而上，把毛泽东团团围在中间，有的递名片，有的报自家姓名，有的则开门见山向毛泽东提问题，有的抢着伸出热情的手同毛泽东握手。各党各派的代表，被挡在人墙之外，无法和毛泽东接近。

周恩来见状，立即离开毛泽东，把手中的一个纸包高举在空中，大声说："新闻界的朋友们，我从延安给你们带来了礼物，请到这里来拿吧！"

一大群记者一下子拥向周恩来，周恩来见毛泽东恢复了"自由"，能够和各党各派代表们握手交谈了，这才笑着把纸包打开，向记者们分发"礼物"，原来是毛泽东在机场的书面讲话：

"本人此次来渝，系应国民政府主席蒋介石先生邀请，商讨团结建国大计。现在抗日战争已经胜利结束，中国即将进入和平建设时期，当前时机极为重要，目前最迫切者，为保证国内和平，实施民主政治，巩固国内团结。国内政治上军事上所存在的各项迫切问题，应在和平、民主、团结的基础上加以合理解决，以期实现全国统一，建设独立、自由与富强的新中国。希望中国一切抗日政党及爱国志士团结起来，为实现上述任务而共同奋斗，本人对蒋介石先生之邀请，表示谢意。"①

当晚，蒋介石在林园官邸为毛泽东举行了欢迎晚宴，为毛泽东接风洗尘。毛泽东与周恩来、王若飞一起来到了山洞林园，毛泽东与蒋介石于广州一别十九年之后，终于再一次面对面地坐到了一起。

毛泽东与蒋介石的第一次见面是1924年的1月20日，是国民党第一次全国代表大会在广州召开的时候。毛泽东在大会上当选为国民党中央候补执行委员；1月16日，蒋介石也到达了广州，而此时的蒋介石竟然只是一个列席代表，他孤独地坐在会场的某一个不被人们注意的角落里。让蒋介石沮丧的是，他这个已经具有十七年党龄的国民党老党员，在密密麻麻的代表名单里竟然没有找到蒋介石三个字，他只是列席会议。蒋介石的心里像打翻了五味瓶不是个滋味。

这是毛泽东与蒋介石第一次共处于一个屋檐之下。虽然他们在此之前互有耳闻，但是未曾谋面，这次会议期间，他们也未曾有过近距离相谈的机会。

1926年1月4日，国民党第二次全国代表大会在广州召开，此次会议，毛泽东和蒋介石都是会议代表，他们再次相见。毛泽东正式出任国民党代理宣传部长；蒋介石平步青云，

① 中共中央文献研究室编：《毛泽东文集》（第四卷），人民出版社1996年版，第19页。

毛泽东与蒋介石在重庆

本来在国民党第一次全国代表大会上连代表都不是的蒋介石，
一跃成为中央执行委员会的九名常委之一，从此他进入了国民
党的领导核心，被任命为国民革命军总监，成为一人之下万人
之上的显赫人物。在这次会议上，被列在蒋介石之上的"一
人"是谁呢？是汪精卫。当时他一个人兼了三个主席的职务，

是国民党中央委员会主席、革命政府委员会主席和国民政府军事委员会主席，集党、政、军大权于一身。

所以，在国民党第二次全国代表大会之后，汪精卫、蒋介石、毛泽东三人经常在会议期间同时出现。只是三人的地位比较悬殊，一个是党的最高领袖，一个是正在冉冉升起的政治明星，毛泽东只是个列席会议的代理宣传部长。可是有谁能够料到，沧海桑田物换星移的变化之后，毛泽东成为共产党的领袖，蒋介石成为国民党的党魁，而汪精卫沦为日伪政府的首脑。

十九年之后，毛泽东与蒋介石再一次近距离地面对面时，蒋介石又会作何感想呢？

让人翘首以待多少年的历史性会面，并没有给人们带来多少戏剧性或者具有悬念的场面。蒋介石一身笔挺的戎装，胸前的勋章及领口的特级上将领章在灯光下闪闪发光。毛泽东一身朴素的中山装，显露出一种温文尔雅的诗人风度，恰好与蒋介石的军人气质形成鲜明的对照。两个人缓缓走向对方，紧紧握手，这一刻也成为两个人第一次也是唯一的一次握手。中国政坛上两位代表不同阶级的两大政党领袖、两个老对手相聚了。《大公报》为此发表了社论：毛泽东、蒋介石"于国家大胜之日，一旦重新握手，真是一幕空前的大团圆"。

两个人相对而坐，出席作陪的有国民党高级官员，还有美国驻华大使及驻华美军司令官等人。毛泽东用他的湖南腔调、蒋介石用他的溪口乡音互致问候。蒋介石平时滴酒不沾，毛泽东的酒量也不大，此时却频频举杯，致辞、寒暄、感慨……蒋介石称毛泽东为润之，毛泽东称蒋介石为蒋先生，彼此似乎只有客气，没有热情。不一会儿，蒋介石来到毛泽东面前，举杯向毛泽东敬酒。毛泽东礼貌地与蒋碰了碰杯，说："为蒋先生长寿，干杯！"然后象征性地用嘴唇沾了一下杯口。周围的国民党官员觉得老蒋很没面子，使劲儿地劝毛泽东把杯中酒喝光，毛泽东只说了一句"我不善饮酒"，始终没喝。这就是毛泽东的性格，不逢知己酒不香。

那天的招待晚宴吃的全是西餐，黄油、牛奶、面包、果酱、牛排，毛泽东不喜欢西餐。毛泽东私下和警卫人员说："这种饭吃不饱，远不如小米干饭、玉米粥实惠。"第二天早餐仍然是西餐，毛泽东吃完后就把齐吉树叫去说："国民党吃饭也学美国人。中国人不吃中国饭，一天到晚都是面包，我不习惯。你去和他们说换成中餐。"

毛泽东与蒋介石在宴席上碰杯

齐吉树和陈龙、龙飞虎商量，让龙飞虎去交涉，交涉了三次才改成中餐。毛泽东吃完中餐问齐吉树："你看中餐怎么样?"齐吉树说:"好吃。"毛泽东笑了。①

　　蒋介石喜欢宁波菜,爱吃腌盐笋和芝麻酱之类,平时顾及宋美龄的口味,还经常来点牛奶面包之类的西餐。毛泽东却习惯吃家常饭菜,尤其爱吃辣椒。后来,蒋介石宴请毛泽东总是细心地考虑到他的口味,从不忘在毛泽东面前放一小碟红辣椒。毛泽东烟瘾大,喜欢老刀牌熊猫牌,谈话看书写文章,指间常夹着烟,青烟缭绕于眼前。游泳后,披着浴布,就会点燃一支烟。而重庆谈判期间,毛泽东当着蒋介石的面,不抽一支烟。

　　蒋介石同毛泽东前后会谈了十次。一次,蒋介石同毛泽东会谈回来,对陈希曾感叹道:"毛泽东此人不可轻视,他嗜烟如命,手执一缕,绵绵不断,据说每天要抽一听,但知道我不吸烟后,在同我谈话期间,竟绝不抽一支烟,此决心与精神决不可小视!"

　　蒋介石再一次感觉到毛泽东的厉害。

　　9月2日是日本签订投降书的喜庆日子,当晚,蒋介石又在林园官邸宴请了毛泽东一行。他先把自己的僚属一一介绍给毛泽东认识,然后说:"今天是9月2日,为日本正式投降日,在这里欢迎毛泽东先生,倍加高兴!"

　　毛泽东接着致答谢辞:"今日日本正式投降,值得庆贺与高兴。我对蒋介石先生的盛意深表感谢!让我们大家一起举

_____

　　① 李家骥、杨庆旺编著:《毛泽东与他的卫士们》,中央文献出版社1998年版,第183页。

杯，共祝抗战取得伟大胜利。"

当人们向毛泽东敬酒时，周恩来后退半个身位，聆听他们的问候、寒暄，当主客举杯饮酒时，周恩来又忙抢前半个身位，将毛泽东的杯子接到自己手中一饮而尽，再迅速把酒杯递还毛泽东。那敬酒的人一圈又一圈，一拨又一拨。周恩来从容不迫，一杯又一杯。谁也不知道那天周恩来到底喝了多少杯酒。以至于目击现场的我方警卫人员和工作人员心疼地为他抹眼泪：你这是拿自己的命在保卫毛主席啊！第二天，重庆的新闻媒体惊呼："一个周恩来就打败了整个国民党！"

事后，周恩来的秘书李少石心疼地问："周副主席，你怎么连一杯酒也不让主席喝呢？"

"我是怕有人在酒里做手脚，放毒……"周恩来声音轻得像和李少石耳语，这话是他的真情流露。①

或许是第一次的握手，或许是两个老对手之间的惺惺相惜，重庆谈判四十三天，蒋介石前后宴请毛泽东七次，大多是在林园。

9月4日，蒋介石邀请毛泽东出席军事委员会于当晚举行的庆祝抗战胜利茶话会；9月12日，他邀请毛泽东、周恩来共进午餐；10月9日，他再次备午宴招待前来作别的毛泽东；10月10日，国共双方签订《双十协定》后，蒋介石到桂园会访

---

① 权延赤：《周恩来的陈年酒事》，2011第8期《人生与伴侣·月末版》，第54~55页。

毛泽东，邀请毛泽东晚上在国民政府礼堂举办国庆鸡尾酒会，毛泽东欣然应允，并提出晚上想住林园官邸，蒋介石对此表示欢迎；10月11日，蒋介石邀请毛泽东共进早餐，算是为毛泽东离渝饯行。[①]

① 杜忠明著：《〈沁园春·雪〉传奇》，中央文献出版社2007年4月版，第3~7页。

★

莅临特园一醉方休
挥笔题词"光明在望"

★

1945 年 8月28日下午，毛泽东应蒋介石之邀乘坐专机由延安飞抵重庆，参加国共谈判。9月2日中午，张澜以民主同盟名义在特园宴请毛泽东、周恩来、王若飞。出席宴会的还有沈钧儒、黄炎培、冷遹、鲜英、张申府、左舜生。上午11时左右，毛泽东与周恩来、王若飞准时到达，这已经是毛泽东第二次莅临特园了。8月30日下午毛泽东和周恩来已经来过特园。

张澜、鲜英等七人一起出迎，毛泽东一进特园就兴冲冲地说："这是'民主之家'，我也回到家里了。"毛泽东一句轻松的幽默引起了大家的笑声。大家将三位贵宾引入客厅安坐。不一会儿，一桌丰盛的酒席摆了上来。毛泽东是主宾，盛情难却，坐了首位，他拉张澜坐在右位，鲜英是宅主，坐了左位，其他人随意落座，相互寒暄。

鲜英手提大酒壶先给毛泽东、张澜各斟满了一杯，然后离开座位给大家一一斟满。鲜英

毛泽东与张澜

回到自己座位，指着毛泽东杯里的酒满脸漾着笑意说："这是家酿的枣子酒，请毛先生一尝。"

周恩来马上接了鲜英的话向毛泽东介绍："我在特园宴请客人常用此酒，这枣子酒浓度不高，味道却香而醇厚。"

"特先生献家宝喽！我不胜此物，但今天定要领这个情，一醉方休！"毛泽东的调侃引来满堂笑声。

毛泽东的确不胜酒力，呷一杯葡萄酒也会满脸通红，因此平时很少饮酒。一般有两种情况会小饮几杯：一是为了睡觉，因为饮一杯酒就会头晕，三杯必然倒下，所以有时为了尽快入睡，也会饮上一杯；二是为了打仗或写作，毛泽东作战作文常连续几天不睡觉，此时也会偶尔喝上几口，掌握好酒量，掌握好时间，会起到兴奋神经中枢的作用。

此时，张澜端着酒杯站了起来，他用饱含热情的目光在毛泽东、周恩来、王若飞的脸上拂过，兴奋地说："今天承蒙三

位不弃，辱驾特园，我代表民盟中央全体委员表示热烈欢迎和谢忱，干杯!"

大家同时站起来，十只酒杯满载着彼此的热情，在桌子上叮咚作响，合奏出一曲和谐悦耳的鸣响，觥筹交错间，大家早已将杯里的酒一饮而尽了。

张澜为毛泽东又斟满了一杯，自己也满了杯，举起杯敬向毛泽东："会须一饮三百杯!"这是李白《将进酒》中的名句。

毛泽东显然被张澜的热情点燃了，他举起酒杯脱口而出："且共欢此饮!"这是东晋陶潜《饮酒》中的句子，应对简直天衣无缝。

二人碰杯，一饮而尽。于是宾主之间频频祝酒，美酒化作热情流入彼此的心间，宴会弥漫着浓浓的酒香、浓浓的情意，渐入高潮。

此时，毛泽东已经两杯下肚，早已满面红光。于是毛泽东放下酒杯停饮了，大家也就不再向毛泽东敬酒。他一再强调"和为贵"，恳切地表达了对和谈寄予的希望。酒过三巡，菜过五味，大家开始进入热烈的交流阶段。毛泽东同沈钧儒谈起健身运动，同黄炎培聊起职业教育，同张申府一起回忆五四运动的往事，等等。酒酣耳热，谈笑风生，大家好不痛快。

这时，上来一道甜口的菜，同时还端来一大碗白开水。鲜英举起汤匙凑到大碗边，向毛泽东解释："请洗一洗。"毛泽东说："不必洗了，甜咸一样吃，这些菜就够好了，老百姓哪里吃得到。"毛泽东不洗，大家也跟着不洗了。

美味佳肴用过，大家随意地坐在客厅里饮茶聊天。忽然，一位小姑娘走了进来，她手里捧着一本纪念册，神情有些羞怯，她在客厅里犹豫着、徘徊着，终于鼓起勇气来到了毛泽东身边。她向毛泽东毕恭毕敬地行了一个90度的大礼，将手里的纪念册递到毛泽东手里，小脸绯红："毛伯伯，请您在这上面留个纪念吧。"

毛泽东接过纪念册，瞧着这位面含羞涩的小姑娘温和地问道："你叫什么名字啊?"

"我叫鲜继根。"姑娘低着头怯生生地回答。

毛泽东点头微笑："好，好!"

鲜英也用一种温和的态度对女儿说："大人在这里说话，你来做什么! 不懂规矩，还不快出去!"

"爸爸，我请毛伯伯题词呢!"

毛泽东笑对鲜英："你啊，真是个严君。"说着，站起身来，拉着小姑娘的手走到书桌旁。

毛泽东将纪念册打开摊在书桌上，小姑娘很懂事地将文房三宝整理好放在毛泽东面前。毛泽东执管在手，饱蘸浓墨，凝眉静思片刻，在纪念册上笔走龙蛇一挥而就，只见纪念册上赫然现出四个大字：光明在望。

毛泽东颔首微笑对围在案前的各位说："道路是曲折的，前途是光明的。"

"谢谢毛伯伯! 谢谢毛伯伯!"小姑娘的脸上灿若桃花般绽放出美丽的笑容，拿着纪念册飞也似的离去了。

　　毛泽东也与各位一一握手告别："今天，我们聚会在'民主之家'；今后，我们共同努力，生活在'民主之国'。"①

　　……

_____

　　① 邵康编：《毛泽东和党外朋友们》，团结出版社1996年9月版，第83~88页。

毛泽东谈笑风生
冯玉祥大破酒戒

1945年 9月1日，重庆爱国民主人士及各界代表在中苏文化协会特为毛泽东举办了一个盛大的欢迎酒会。出席酒会的有孙夫人宋庆龄、冯玉祥将军、著名学者郭沫若，以及许多爱国民主人士。会场上气氛活跃，热情

冯玉祥

洋溢，毛泽东频频挥手向与会者致意。

冯玉祥将军首先在会上讲话，他说："今天这个大会，正如实现了孙总理所提出的'联俄、联共、扶助农工'三大政策，同时又显示了全国人民团结一致抗日的决心和信心。"他又说："我们在这激动人心、欢欣鼓舞的时刻，一定要加强团结，提高警惕，严防有人要从中破坏！"他的话引起了到会人员的极大共鸣，人们报以经久不息的热烈掌声。

会后为了表示对毛泽东的友谊与热诚欢迎，冯将军决定在康庄为毛泽东接风洗尘。"康庄"其实是特园的一部分，是两栋两两相连的四幢三层西式洋房，分别为康庄1号、2号、3号、4号。抗战初期，国民政府迁都重庆，荷兰大使馆、苏联军事代表团以及盟军军事代表团等机构都曾借驻于此。国民党抗日爱国将领、时任国民政府军事委员会副委员长的冯玉祥为了在城内办事方便，长期租用了康庄2号作为他在城内的办事处。

宴请的前一天他就吩咐康庄办事处的工作人员，写好请帖派人送往桂园毛泽东住所，并命自己在乡间住所歇台子抗倭楼的厨师老张到办事处来亲自掌勺。他又对副官说："明天有五六个人吃饭，叫老张搞好一点，丰盛一些。"考虑到毛泽东是湖南人，临了又专门交代："多弄几个湖南口味的菜。"

9月7日，冯玉祥将军和夫人一大早就来到康庄办事处，检查宴会准备的情况。当他发现服务人员没有备酒时，感到有些歉然。

说来好笑，枪林弹雨之中未曾皱一皱眉头的冯玉祥将军，

康生旧址

竟然"怕酒"。在他家里，是从来闻不到一丝酒味的，他滴酒不沾，也不让家里人喝，更不给请来的宾客备酒。这已经成为一条规矩，在重庆军政各界，几乎是无人不知无人不晓的。

原来，1896年冯玉祥正式入伍后，在肃县维持治安。一次当地士绅请他们喝酒，同伴们故意说他酒量大，专门劝他饮酒。实际上，冯玉祥在此之前没怎么喝过酒，但他是个直性子，不好推辞，又不知酒的分量，每次都是一口干。主人也以为他酒量大，于是拿出上等好酒与其痛饮。不久冯玉祥的神经就麻痹了，散席时，眼前一阵发黑，四肢软弱无力，不得不让同伴们扶送回营。第二天，冯玉祥浑身出水疱，小如黄豆，大似蚕豆，人也一连几天萎靡不振。自此以后，冯玉祥下决心戒酒，直到他身居高官，这一规矩仍没有破，每逢宴会必以水代酒。在国民党高级将领中能做到这一点的，唯此一人。从这一点上也可以体现出冯玉祥坚韧不拔、刚直不阿的性格。

但这一回宴请客人，若是再按老规矩办，可就有点太不够意思了。中共主席毛泽东、副主席周恩来，在冯先生眼里是最尊贵不过的客人了。为了中华民族的统一和富强，人家不顾生命危险，毅然飞抵重庆，参加国共两党谈判，若不是一心为国为民的大德大智之士，决然不会行此壮举。对他们二位，当然要破格招待。再说，毛先生初次来，并不知道自己有不备酒的习惯，周先生又是以豪饮闻名于山城，宴席上没有酒，岂不是大为不恭吗？可是，备酒也有备酒的难处。客人喝酒，主人陪不陪？不陪，情面上说不过去，陪吧，又会违背自己戒酒的誓言。

这个决心可真是难下啊！冯先生思虑再三，喝下了好几杯浓茶，才咬着牙做出了决定，派副官去买几瓶上好的茅台美酒摆上。

不多时，冯玉祥又想起了什么事，叫来手枪营营长葛效先，下达了一道紧急指示："我今天下午请客，你们站岗放哨要特别加强守卫，严密警戒，不得有半点疏忽！"接着，冯将军干脆将办事处的勤务人员也都换掉了，为客人端饭送茶、拿烟递酒的，全都是冯将军身边的高级参谋和副官，都是冯将军的贴心人。因为康庄的毗邻上清寺就是军统特务头子戴笠的住所。这种异乎寻常的、精心的安排，既是对毛泽东和周恩来的尊敬和热爱，更重要的是为了毛泽东的安全，可谓用心良苦。

下午4时，客人准时到了康庄冯先生的寓所。冯先生早就站在大门外了，脸上带着喜悦的笑容，迎进了毛泽东、周恩来和应邀前来作陪的张治中先生。

"酒！有酒呀！这可是一大新闻。"张治中前脚刚迈进客厅的门槛，就停住脚步，欣喜地对毛泽东和周恩来说："我跟焕公是同乡，又在一起相处多年，他家里摆酒，今天还是第一次……"

听罢张治中的介绍，毛泽东赶忙和冯先生重新见过礼，连声道谢。

"不成敬意！不成敬意！"被客人道破自己的心意，冯先生不禁喜出望外，"毛先生和周先生屈尊到寒舍来，玉祥深感荣幸。这酒，是我的一点心意。不过，我还要声明一下，"冯先生笑着眨了眨眼，"喝酒嘛，是各尽所能，能者多劳，不能喝的，也不要勉强。"

"这，当然要客随主便喽！"周恩来一句风趣的话，激起一片笑声。

稍事寒暄，主客分别就座，冯将军命人打开了瓶塞。顿时，浓郁的酒香从那小巧的瓶口中涌了出来。冯将军兴致盎然地亲执酒壶，给客人一一斟满酒杯。

"毛先生只身飞来重庆，为国为民，不顾个人安危，玉祥万分钦佩。这第一杯酒，先要敬毛先生。"

"不，不，"毛泽东笑着挡住了冯先生，"这第一杯酒，让我们一起庆祝抗战胜利吧！"大家共同一饮而尽。

酒过三巡，席间的气氛更加活跃起来。毛泽东那浓重的湖南口音，在冯先生心中激起了层层波澜。和共产党人接触，这当然不是第一次，但仿佛直到现在，他才算是真正了解了共产党。记得在北伐之前，西北军中就有共产党人，有的还担负着很高的职务，像刘伯坚，就曾是西北军政治部的副部长。在他们的帮助下，西北军注重政治教育，官兵的精神面貌为之一新，打了不少胜仗。后来，由于自己和蒋介石合作，驱走了共产党人，西北军从此一蹶不振，自己的爱国热望落了空，而且险些成为中华民族的千古罪人。想起这段经历，冯先生心中总有一种异样的感觉。可人家共产党人，心胸是那么坦荡，不但不计前嫌，而且积极支持自己的抗日行动，给了自己那么多的帮助。就连自己的六十岁生日，人家都记得清清楚楚，在《新华日报》专刊祝贺。这是一种多么难得的情谊啊！常言说得好，士为知己者死，同共产党人结成朋友，共同为中国的老百姓做点好事，确是死而无怨哪！

冯玉祥深知蒋介石的为人，为毛泽东的安全担忧，他推心置腹地说："蒋介石这次设的是鸿门宴，并不想真心谈判，而是想吃掉共产党。这是他一贯的手段，东北军、西北军不都是这样被吃掉的吗？小心不要上当啊！"毛泽东风趣地回答："有人认为国共两党姻缘难结，我这是诚心来求婚的哟！"随后，又用坚毅的口吻说："中国今天只有一条路，就是和为贵，其他一切打算都是错误的。"大家都为他的讲话热烈鼓掌。

频繁的碰杯，亲切的交谈，使宴席上热烈的气氛更加活跃。毛泽东介绍了延安和解放区各方面的情况，深受主人的赞扬。毛泽东又说："焕章先生的丰功伟绩，已举世尽知，尤其在抗日战争期间，你为反对投降、坚持抗战，呼吁团结、反对分裂作出了不懈的努力。还望焕章先生为实现祖国和平、民主、团结而努力，不负国人所望。"冯将军受到了莫大的鞭策和鼓舞，说："我愿为中国实现和平与民主奋斗到底！"周恩来也接着说："焕章先生始终献身于祖国的正义事业，为人所不敢为，说人所不敢说，这就是先生伟大成功之处。"

　　大家边吃边谈，从中国过去谈到现在，又从现在谈到将来，欢快异常。①

----

　　① 邵康编：《毛泽东和党外朋友们》，团结出版社1996年9月版，第97~101页。

★

毛泽东细嚼慢咽
彭德怀心急火燎

★

1947年 元宵节之后，国民党开始全面实施蒋介石的重点进攻战略，胡宗南调动二十三万人马，分五路开始进攻陕甘宁边区。3月18日上午前线消息说：敌人离延安已经不足十里！下午，枪炮声更密集也离得更近了，胡宗南的先头部队甚至已经进犯到延安近郊的吴家枣园，枪炮声在延安市内任何地方都隐约可闻。彭德怀急坏了，把警卫人员全部叫到自己的窑洞里，郑重其事地交代："现在，全党、全军、全国人民都在关心党中央、毛主席的安全，你们肩上责任很重，要绝对保证主席的安全，必要时，抬也要把他抬走！"

能不让人着急吗？胡宗南的部队已经兵临城下，毛泽东却浑然不觉一样，依然在延安王家坪的窑洞里有条不紊地工作着。

彭德怀今天的火爆脾气比平时更明显了许多，他之所以火烧火燎也是有针对性的。离开延安，对毛泽东来说不是一件容易的事。在胡宗南最初给延安丢炸弹时，就有人担心得不得了：毛主席怎么还不过黄河？这要是万一碰上……炸弹可不长眼啊！毛泽东却始终若无其事："怕什么？延安人民走完了我再走！"现在，炮弹都打到清凉山了，他还是一点儿都不着急。专心致志地忙着一大堆案头工作，警卫员跑进跑出，催促了一次又一次："主席，马都备好了，就出发吧！你不走，叫我们怎么完成任务啊?!"

毛泽东微笑着说："不要紧，来得及，大路朝天，各走一边，他走他的，我走我的，他在那个山头，我在这个山头，怕什么呀？"说着又不慌不忙拟写一份电文。这时，一发炮弹在不远处剧烈爆响，震得窑洞顶层的泥屑直往下掉。毛泽东抬头看了看，没有问题，仍旧埋下头飞快地写起来。警卫员没办法，只好打出周恩来的招牌："周副主席也叫你快一点，再不走，就很危险了！"毛泽东干脆置之不理。

任弼时和习仲勋赶过来了，刚走到门口，正好与心急火燎的警卫员撞个满怀。警卫员说："任秘书长、习副政委，你们来得正好，快去帮我们劝劝主席，再不离开危险性很大……"任、习二人急步冲进窑洞："主席呀，敌人已经兵临城下，便衣队都到七里铺了，同志们都等得很急，你还是快一点儿离开的好！"毛泽东抬起头，一见是任弼时和习仲勋，笑了笑，一边照写不误，一边说："就好喽，就好喽，去跟同志们说一说，先搞好先走，不要等。"

傍晚彭德怀再一次来到毛泽东的窑洞，彭德怀还在门外，他大声嚷嚷的声音就传到了窑洞里："主席走没走？"门外警卫员嗫嚅，说没走。彭德怀张口就训开了："怎么搞的嘛！你们是警卫员，我怎么跟你们讲的？要对主席安全负责嘛！"

毛泽东在里面接着彭德怀的话说："不要批评他们了……"见彭德怀进屋，脸色很难看，毛泽东立刻笑着招呼道："老彭啊，来得正好，我正要找你哩。通知部队，要把房屋打扫干净，家具原样摆好，一点儿也不要破坏。我们过些日子还会回来的，是不是啊？"

"主席，你有什么指示，边走边说吧！"彭德怀努力做出平静的样子。毛泽东手头略微抓紧了些，嘴上却依然说："就好，就好，你不要催我嘛！"彭德怀性子上来了："这都么子时候了嘛，还不着急呀！你不急我可是着急，我是司令员，我要对你的安全负责；你是主席，你也要对全党、全军负责嘛！"

毛泽东终于忙完了，一边收拾桌子，一边笑着问："机关都撤完了吗？"

"早撤光了。"大家抢着回答。

"群众呢？"

"走了，全撤离了。"

"嗯"，毛泽东满意地哼了一声，"好吧，吃饭！"

毛泽东不慌不忙地坐下来，有滋有味地吃起饭来。彭德怀急得直发毛，大家毫无办法，总不能让毛泽东饿着肚子上路啊！

毛泽东平时吃饭出奇地快，可以用狼吞虎咽来形容，今天却出奇地慢，甚至是细嚼慢咽。大家越是着急忙慌，毛泽东就越是慢条斯理，他下决心要看看胡宗南的兵是个什么样子！

彭德怀耐不住了，急得要上前夺毛泽东手里的筷子，但还是忍住了。"主席还不走，龟儿子的兵有什么好看的？走走走，部队代你看了，你一分钟也不要待了，马上给我走！"

毛泽东把碗中的最后一粒米扒进口中，放下筷子站起来说："老彭同志啊，你好厉害哟，我执行……"毛泽东说着走出那孔窑洞。走了几步，忽又返身看了看窑洞里的那张床和桌椅板凳，然后一扭头，果决地离开了。默默走了一段，突然回头问彭德怀："王震过河之后情况如何？"彭德怀说："很好，已投入战斗。"毛泽东这才大步走向路边的汽车。①

毛泽东细嚼慢咽　彭德怀心急火燎

① 吴连登主编：《毛泽东饮食趣谈》，中央文献出版社2012年4月版，第38~39页；舒云：《毛泽东谈笑风生撤离延安》，《党史博览》2004年第6期，第30~34页。

彭德怀活捉刘子奇
毛泽东畅享红烧肉

1947年 8月20日拂晓，西北野战军对沙家店的国民党第三十六师发起猛烈攻击，激战至黄昏，全歼国民党整编第三十六师第一二三旅全部和第一六五旅大部，俘第一二三旅旅长刘子奇，歼灭第三十六师主力六千余人，从而粉碎了国民党军队对陕北的重点进攻。参谋把这个振奋人心的消息报告给毛泽东的时候，毛泽东兴奋地跌坐在炕边，简直心花怒放，平时不擅饮酒的毛泽东今天却大呼："拿酒来，拿酒来。"

激战的三天三夜里，毛泽东有些紧张，他不出屋、不上炕、不吃东西，全靠香烟和茶水挺过来的。毛泽东很少喝酒，这一次却一口气喝掉了半瓶白兰地，一边喝一边喊："拿错了酒。"很显然是嫌酒的度数低，不过瘾。

这时彭德怀高兴地给毛泽东打来电话："李得胜同志吗？"

毛泽东自信而果断地回答："我不是李得胜，我是毛泽东！"

这是毛泽东撤出延安、转战陕北以来第一次扔掉化名，消息传开，全军欢腾，彭德怀对着话筒咧开大嘴，笑逐颜开。

毛泽东率领昆仑纵队转战陕北最艰难的时期过去了，西北野战军转入内线反攻。

傍晚，李银桥陪毛泽东回到了窑洞。

看过两三封电报之后，毛泽东在帆布躺椅上坐了下来，望着李银桥说："银桥啊，你去想想办法，帮我搞碗红烧肉来好不好？我要吃，要肥的。"

李银桥答应着："打了这么大的胜仗，吃碗红烧肉还不应

毛泽东在转战陕北途中

该？我马上去搞！"

躺在帆布椅上的毛泽东疲倦地摇了摇头，用很缓和的语气强调说："不是那个意思。这段时间累了，用脑子太多，你给我搞碗肥些的红烧肉，吃了补补脑子。"

听毛泽东这么一讲，李银桥心里顿时感到难过起来：毛泽东已是三天两夜没合眼了啊！

走出窑洞，李银桥遇上了周恩来，向周恩来讲了毛泽东的想法。周恩来便同李银桥一起，去找了厨师高经文。周恩来细心地叮嘱："高经文同志，这碗红烧肉一定要做好，以后只要有条件，就要给主席做些肉吃，即使没条件，也要想想办法，要千方百计。"

李银桥感到，周恩来日常也够辛苦、够操劳的了，为了毛主席吃碗红烧肉，还要亲自来嘱咐厨师，多么细心周到啊！自己真不该告诉他这件事……

时间不长，一碗肥肥的红烧肉做好了，周恩来又及时赶了过来，用鼻子闻了闻香味，很满意地笑了一下，"不错嘛，快给主席送去，另外不要忘了炒辣椒！"

李银桥马上将这碗腾着热气的红烧肉连同一盘炒辣椒一起端给了毛泽东。毛泽东一见红烧肉，立刻来了精神，随即起身接碗在手，先用鼻子深深地吸一吸香气，两只眼睛眯成了一条线，连声赞叹说："香啊！真香！"

李银桥双手递过筷子，毛泽东伸出大手把筷子一抓，不管三七二十一就是几大口肥肉，再夹几筷子炒辣椒，三下五除二就把一碗红烧肉和一盘炒辣椒吃了个精光。

毛泽东是湖南人，爱吃辣椒，这人们早知道，可今天，李银桥看着毛泽东那狼吞虎咽的样子，一时间惊呆了——他是真心疼毛泽东啊！

毛泽东放下碗，看到李银桥目瞪口呆的模样，自己倒不好意思起来，像个孩子似的向李银桥笑了笑，说："有些馋了呢！"然后像是解释又像是征求意见似的问："打胜仗了，我的要求不高吧？"

"不高，不高！"李银桥红着眼圈连连摇头，"主席的要求太少了，太低了！"

李银桥心里想，歼敌六千余人，他只吃一碗红烧肉补脑子，还担心自己的要求是不是高了——天底下哪儿去找这么好的领袖啊！

"不低了。"毛泽东见李银桥快要流泪的样子，又说，"前方的战士们冲锋陷阵，也没有吃上红烧肉，只能杀了马来填肚子，我心里不安呐！"

"主席快别说了……"李银桥的眼泪止不住大滴大滴地淌出了眼眶，"以后只要我有办法，我一定千方百计给你搞红烧肉吃。"

"莫哭，莫哭！"毛泽东开始安慰李银桥，"男儿有泪不轻弹，不要学女娃子嘛，你是三八式的老资格哩！"

李银桥也只能是破涕为笑了。①

① 吴连登主编：《毛泽东饮食趣谈》，中央文献出版社2012年4月版，第60~61页。

彭德怀活捉刘子奇　毛泽东畅享红烧肉

毛泽东住进扶风寨
李银桥分享半条鱼

1947年 11月22日，毛泽东率"亚洲部"转战陕北，来到了米脂县杨家沟村，并准备在这里过冬。"亚洲部"是当时中共中央前委的代称，叫这样一个名字当然是出于安全和保密的需要。那么，毛泽东为什么选择在这里过冬呢？原来这个村是米脂县有名的富裕村，不大的一个村落，竟然有七十二户大地主。有七十二户地主，当然这里也一定有七十二个地主庄园。

当时毛泽东住在了一家叫扶风寨的院子里，那是一幢别具一格的建筑。走进扶风寨，但见黄土山崖之下一排具有西式风格的精致屋宇赫然而立。窑洞由巨石筑就，有拱顶，有廊柱，房顶有八个气度不凡的石刻龙头昂首向天。

米脂县杨家沟扶风寨

毛泽东在扶风寨一住就是一百二十天，在这里毛泽东写下了《目前的形势和我们的任务》《关于建立报告制度》《关于目前党的政策中的几个问题》《评西北大捷兼论解放军的新式整军运动》《关于情况的通报》等十几篇光辉著作，其中有十一篇被收入《毛泽东选集》之中。

扶风寨，这座毛泽东转战陕北期间居住时间最长的宅院里发生了太多的故事。

毛泽东住在扶风寨的时候，贺龙托人给毛泽东捎来了几尾鲤鱼。毛泽东一生对吃的确没有什么更奢侈的要求，他除了喜欢吃红烧肉和辣椒之外，也特别喜欢吃鱼。那几天，正好江青去河东把李讷接了回来，所以厨师那天特意做了两条鲤鱼。那时江青天天跟随毛泽东左右，知道毛泽东每天的辛苦，也知道毛泽东每天吃的是什么。因此江青把那两条鱼做了合理的分配，那条大一点的给毛泽东吃，小一点的给李讷吃。

照顾李讷的阿姨叫韩桂馨，后来在毛泽东的撮合下成了李银桥的妻子。通常韩桂馨陪李讷一直是吃大食堂的，每天大部分时间吃的都是黑豆，所以看见桌子上的鲤鱼自然是很馋的。江青给李讷夹了一口，将筷子倒过来再给韩桂馨夹一块。那么艰苦的时刻，吃上几口鱼简直就是奢侈，所以韩桂馨没吃。但是阿姨不吃李讷也不吃，阿姨只好和李讷一起吃鱼。江青用筷子你一口她一口地给她俩分光了盘子里的那条鱼。韩桂馨的眼睛里分明已经感动得充满了泪水，那时的江青还是很讲究革命感情的。

当时李银桥就侍立在毛泽东身边，毛泽东没有给李银桥夹鱼，其实李银桥也没想吃鱼。毛泽东一边咀嚼着鲤鱼和黑豆，一边看文件，一边一个人想着心事。

毛泽东虽然每天想着整个中国的战场，但是他也有柔情的

转战陕北时的毛泽东和江青

一面，他虽然自顾自地自己吃着那条鲤鱼，但是心里还是惦记着身边这个侍卫的，只是毛泽东豪放的风格与江青那种温婉细腻的风格有所不同而已。

毛泽东吃完饭站了起来，指指盘子："银桥，吃掉它。"毛泽东不可能像江青那样婆婆妈妈，毛泽东这句话简直就是不容置疑的命令。李银桥不好意思地嗫嚅着："我，我不吃……"

"我没有病，那一面还没动过嘛。"

"不是那个意思。留着主席晚上吃。"

"不要剩，我不吃剩鱼。"毛泽东说罢就走了。

其实毛泽东每天点灯熬夜，夜以继日地工作，何至于吃不掉一条鲤鱼呢？那是专门为李银桥留的。再说，毛泽东也不是不吃剩鱼，那全是托词，即使是剩下的鱼汤他都不让人随便扔掉的，他就是想把那半条鱼留给他的卫士。

江青见毛泽东走了，她也匆匆吃掉碗里的黑豆，招呼李讷和韩桂馨离开了。他们有意留下李银桥一个人，怕他不自在。

整条鱼毛泽东只动了一面，另一面丝毫未动，可见毛泽东的细心。后来李银桥在回忆时说，那半条鱼是我一生中吃得最香的半条鱼……①

---

① 权延赤著：《走下神坛的毛泽东》，中外文化出版公司1989年4月版，第111页。

毛泽东宴请老同学
黄国璋细说当年事

1949年6月，曾和毛泽东在湘乡东山小学一起读书的汤璪真（孟林）给刚刚进驻北平不久的毛泽东写了一封信。6月17日，毛泽东收到了汤璪真的来信，高兴莫名，不知不觉间陷入了往事的回忆之中……当年在湘乡东山高等小学读书的时候，汤璪真聪明过人，连跳两级，各门功课都名列前茅，给毛泽东留下了深刻的印象。1918年二人曾在北京相会，那时汤璪真准备走一条教育救国之路，今天果然……

毛泽东想着，抬手拨通了时任北京师范大学代理校长汤璪真的电话。

"请给我接北平师范大学汤璪真校长。"

汤璪真拿起电话:"你找谁啊?"

"我找汤校长。"

"我就是啊,你是谁啊?"

"我是你二十年前的同学毛润之。"

出乎意外,汤璪真异常激动:"噢,你是润公啊!我们非常想念你啊!"

毛泽东也格外激动:"我也想念你的啊!你写给我的信收到了,很是高兴呀!"

汤璪真说:"一想到你现在的地位,只能先给你写信啊!"

毛泽东风趣地说:"不敢上门来找,先投石问路,写封信试试,看看我忘没忘记你这位小同学。"

汤璪真有些不好意思地说:"不是这个意思,你日理万机,太忙。"

毛泽东很亲热地说:"再忙也不能怠慢老同学。请告诉我:在北平还有哪些熟人?"

汤璪真一边在脑子里苦思冥想一边说:"有北师大文学院院长黎锦熙、地理学系主任黄国璋,同乡劳君展、许德珩夫妇,还有齐白石老先生……"

毛泽东大喜过望:"太好了,太好了!"

汤璪真忙说:"让他们去看你吧!"

毛泽东连说:"不要,不要,我去看你们,我现在就去。"

……

下午3点钟,毛泽东带着秘书田家英和一名卫士,轻车简从,来到北京师范大学宿舍,看望昔日的老同学汤璪真以及毛泽东的其他朋友。

此时，汤璪真和夫人站在门前迎候着毛泽东的到来。

汤璪真问夫人："通知黎院长他们了吗？"汤夫人回答："通知了，你的老同学不知带多少保镖来呢？"汤璪真摇摇头："不知道，出于安全考虑，我想会带不少保安人员的。"汤夫人说："这我就放心了。"

对面的墙根下，有几个小孩子拿着粉笔在墙上一笔一画地写着："欢迎毛主席"之类的标语。

在汤璪真和夫人对话的当口，毛泽东一行已经走进了位于和平门内东顺城街48号的北师大教授宿舍后院，已经远远地看见了汤璪真夫妇。毛泽东疾步向前，大声说道："老同学，你好啊！"汤璪真大步向前，紧紧握住毛泽东的手："润公，你好啊！"汤璪真转身指着自己的夫人："这是我的堂客。"毛泽东伸手握住汤夫人的手："嫂夫人好！"

汤夫人有些拘谨地问："毛主席好，您带的保镖人员呢？"

毛泽东指着田家英和身边的卫士："他俩就是。"

汤夫人惊讶地说："就他俩？"

毛泽东看见墙边两个写标语的孩子还在那里认真地写着，走过去摸着一个小女孩的头说："小朋友，不要写什么欢迎标语嘛！"毛泽东说罢，院子里响起了欢乐的笑声。

毛泽东在汤璪真夫妇陪同下走进书房。毛泽东坐下后就问汤夫人："嫂夫人，这些年来你跟我这位老同学一定吃了不少苦吧？"汤夫人说："是啊，远的不说，就说这两年吧，北平是国民党兵痞、美国大兵横行的地方，苦了这些穷教书先生啊！"汤璪真接过夫人的话："南京的教育部部长朱家骅是我留德的朋友，北平解放前夕，他派专机接我南下，到教育部供职，过所谓上等人的生活，我不愿意和他们同流合污，坚拒南下，冒着生命危险，等着润公的到来。"

毛泽东感动地说："谢谢老同学！我的老师黎锦熙先生也是出于这样的原因留下的吧？"恰在此时，年过花甲的黎锦熙走进书房，他接过毛泽东的话："对！我对家人说，哪儿也不去，我要在这里等一位唐宗宋祖稍逊风骚的伟人哩！"毛泽东回身迎上前去："黎先生，我不是什么唐宗宋祖稍逊风骚的伟人，我还是那位当年给您抄写文章的学生毛润之！"

汤璪真一惊："黎院长，润之给你抄过文章？这可是珍闻啊！"

这时，黄国璋走进了书房，"我黄某可以证明，润公还记得我吗？"毛泽东迎上去，紧紧握住黄国璋的手，"记得，记得，地理学家黄国璋先生的大名岂敢忘怀？我至今还记得黎先生办的《湖南公报》，我帮着先生抄文章时，你就对地理有特殊兴趣。"

黄国璋接着说："我更记得，黎先生说过这样的话：'我在湖南办报，有三位青年人帮我抄写文稿，第一位是不问文稿的内容，一概照抄，后来默默无闻；第二位是见到文稿中有问题总要提出来，并代为润色修改，此人成了大戏剧家，这就是田汉；第三位则与众不同，看到文章中有不同意见的观点就干脆不抄，他后来成了一代伟人，他就是毛泽东。'"

毛泽东听完黄国璋的话谦虚地说："黎先生过誉了！公平

地说，在我的成长过程中黎先生是我可与商量学问、讨论国家大计的恩师。"黄国璋称道："既然润公称黎院长为恩师，那今天就由黎伯乐做东了！"汤璪真立刻接过话："不可，不可，今天在我家，当然由我做东。"毛泽东大笑说："都不要争了，今晚我请客。"于是吩咐田家英在西单菜馆叫来两桌酒席，送到和平门内东顺城街48号。

在汤璪真家的堂屋里，一张八仙桌摆满了丰盛的酒和菜。毛泽东说："你们都是九三学社社员，今天我要宴请九三学社的朋友们。在北师大还有哪些九三学社同仁，都请来。"

于是教育学家董渭川、化学家鲁宝重等人也来了，连与九三学社联系密切的朋友也请了几位。他们有幸见到毛主席，个个欣喜异常。毛泽东请黎先生坐上位，黎先生坚决不肯，并说："你是主席，应该坐上位。"毛泽东扶着黎锦熙往上位方向走，说道："这里您年纪最大，又是我的老师，哪有学生坐上位的道理？"汤璪真和稀泥："既然润公说了，你就不必谦让了。"于是大家依次落座。

毛泽东一一给大家斟酒、夹菜。毛泽东说："今天，我们是难得相聚，大家有什么心里话，都可以对我毛泽东直言。"

教授们觉得这是个难得的机会，大家从生活困难谈起，又谈到教育事业如何发展的一些问题。毛泽东当即表示，教授的生活困难是暂时的，新中国的教育事业一定会有很大的发展，教授待遇问题政府一定会考虑，会提高薪水……他特别提到，许多从旧社会走过来的知识分子是爱国的，拥护共产党和政府，一定会为新中国贡献力量……

席间谈话不断深入，黎锦熙说："我们大家都是九三学社的成员，大家认为新中国即将成立了，我们这个以大学教授为主体的团体就没有存在的必要了，多数人主张解散，其成员将加入中国科学工作者协会。"毛泽东思考片刻后说："我认为九三学社不仅不要解散，还应该认真地团结科学、文教界的知名人士，积极参加议政，共同建设新中国。"黎锦熙、黄国璋异口同声地说："那我们就把润公的意见带回去，再商量商量。

汤璪真对毛泽东认真地说："润公，你对我们有什么希望也可以说说。"毛泽东说："我希望大家不仅是我毛泽东个人的朋友，也都应该成为中国共产党的朋友。"坐在上位的黎锦熙端起酒杯高兴地说："为我们这些毛泽东的老朋友，成为中国共产党的新朋友干杯！"大家一起举杯："干杯！"

席间，毛泽东一时兴起，脱去了外衣。白衬衫袖口和领子上打着补丁。毛泽东不胜酒力，请求抽烟，名曰"以烟代酒"。有人说："主席，你的乡音无大改呀！"毛泽东笑道："乡音虽无改，鬓毛却已衰矣！"有人提议为主席健康长寿干杯，毛泽东连连摆手制止。他说："在座的都是教员，我也是教员，只不过教的科目不同而已。现在，我和各位都是新中国的'长工'，我们的主人是谁呢？不是地主老财或资本家，而是人民，四万万五千万中国人民，我们要全心全意为他们服务！"

毛泽东一席话，深深打动了大家。

直到晚上9点左右，毛泽东才起身向主人告辞，并和每一位教授握手告别。临上汽车时，毛泽东拉着汤璪真的手说："孟林，今天到这里来，是我拜访老师、同学时间最长的一回了。"①

---

① 宋三旦、王小梅主编：《毛泽东与他的师长学友》，山西人民出版社2003年11月版，第93~95页。

毛泽东家中设宴
赛福鼎北京入党

1949年 8月，新疆三区（伊犁、塔城、阿勒泰）革命领袖阿合买提江率领的五人代表团乘机前往北平，出席中国人民政治协商会议第一届全体会议，飞机途经苏联，在扎巴依喀勒山意外坠毁。消息传到北平，毛泽东十分悲痛，指示赛福鼎重新组成三人代表团，火速赶赴北平参加会议。

赛福鼎1915年出生于新疆图什一个著名爱国实业者家庭，1935年赴莫斯科留学，接受马克思列宁主义思想熏陶。1938年回国后被盛世才视作"激进青年"，流放边城塔什。1944年赛福鼎参加三区革命，后任新疆省民主联合政府教育厅厅长、新疆人民民主同盟主席。

对赛福鼎的到来，毛泽东极为重视。代表团9月15日抵达北平，毛泽东委托周恩来去车站迎接，并设宴为他们接风洗尘。9月16日晚，毛泽东邀请赛福鼎一行在中南海怀仁堂观看梅兰芳演出。9月17日，毛泽东接见新疆代表团，赛福鼎如愿以偿地见到了"东方列宁"。

在中国人民政治协商会议第一届全体会议开幕大会上，赛福鼎代表维吾尔族人民向毛泽东敬献了维吾尔族服饰——长袍与花帽。长袍与花帽的每一根经线、纬线，都织进了新疆各族人民对毛泽东、共产党的深情、感谢、拥戴。毛泽东十分高兴，当场穿戴起来，频频向大家招手致意，全场掌声雷动。

9月30日，赛福鼎当选中央人民政府委员，在六十三名委员中排名第十七位，这对新疆人民而言，是鼓舞人心的大事！10月1日下午，赛福鼎登上天安门城楼。毛泽东见他站在城楼检阅台一侧，把他拉到中间第二排站在董必武与林伯渠之间，离他仅两米距离。这个历史性画面，永久地留在了文献纪录片和董希文的著名油画《开国大典》里。

10月22日，赛福鼎出席中央人民政府委员会议后向外面走去，在大厅里他看见外地来的委员纷纷走上前去和毛泽东握手告别，赛福鼎也想上前告别，但人太多挤不上去。这时，毛泽东一边往外走，一边左右张望，像是在找什么人，看见赛福鼎后，便直接向他走来，握着赛福鼎的手问："你什么时候回去？"赛福鼎回答："我明天就回去。不知主席有什么指示？""没有什么，走，我们谈谈。"毛泽东边说边往外走，赛福鼎在身后相随。毛泽东走出紫光阁，带着赛福鼎，一直走到菊香书屋自己家里。

走进菊香书屋之后，毛泽东将一幅纸递到他的手中，很客气地说："赛福鼎同志，你看看，我为阿哈买提江等五人不幸遇难写的碑文行吗？不行的话，我再重写。"原来这是毛泽东亲笔为阿哈买提江等五人写的碑文：

为民族解放及人民民主事业服务而牺牲的阿哈买提江·卡斯米同志、伊斯哈克伯·木奴诺夫同志、阿不都克里木·阿巴索夫同志、达力立汗·苏古尔巴也夫同志、罗志同志们的精神永垂不朽！

毛泽东

一九四九年十月二十二日①

赛福鼎双手接过这幅碑文，很快看完，操着不太熟练的汉语说道："用我们维族的话说：亚克西！阿哈买提江等五位烈士能得到主席这样高的赞誉，也可安息了。"

"他们是中华民族的优秀儿女，为新疆解放贡献了自己的一切。遗憾的是，他们没有看到新中国的诞生，也没看到新疆的新生。"

在毛泽东家里，毛泽东亲切而随便地和赛福鼎聊天。他

① 中央文献研究室编：《建国以来毛泽东文稿》（第一册），中央文献出版社1987年11月版，第84页。

毛泽东与赛福鼎

说："新疆是块地大物博、矿产丰富的宝地。维吾尔民族是一个古老而又年轻的民族，淳朴、善良、勤劳、好客、宽宏、大度，这些都是维吾尔族人民突出的美德。其他的少数民族，也都具有这样的美德。维吾尔民族，对中华民族文化的形成和发展，也做出了重大的贡献。总之，新疆是个好地方，各族人民是热爱祖国的好人民。但因历代反动统治阶级，尤其是清朝和国民党，还有一个盛世才，长期以来，对新疆各族人民进行了残酷的剥削和压迫，使各族人民处在悲惨的境地。让各族人民摆脱目前的困境，使他们的生活一天天好起来，是我们共产党人的任务。"

赛福鼎听了毛泽东的话，十分激动，不禁增添了作为中华民族一员的自豪感。

吃饭的时间到了，毛泽东留赛福鼎在自己家里吃饭。为了尊重赛福鼎的生活习惯，毛泽东专门请来了北京饭店的一位回族厨师，而且带上了牛羊肉，饭菜和厨师的费用都从毛泽东自己的稿费中支出。

吃饭时，毛泽东请自己的家人与赛福鼎一起用餐，还把自己的儿子毛岸英介绍给赛福鼎认识。他对毛岸英说："我把你交给赛福鼎同志，你随他到新疆去。新疆是个好地方，那里的人民非常好，他们会欢迎你的。你要拜各族人民为师，好好为他们服务。为此，首先你要学会维吾尔语言、文字……新疆人民的心像哈密瓜一样的甜，你很快就会爱上新疆人民的。"

毛泽东又对同席的侄儿毛远新说："你爸爸就是在新疆被盛世才杀害的，你将来更应去新疆，去完成你爸爸未完成的事业，好好为各族人民服务。"几句话使赛福鼎感到十分亲切。

接着，赛福鼎向毛泽东介绍了有关新疆三区革命的历史以及各少数民族的风俗，之后郑重地从公文包里取出一页文稿，双手恭敬地捧到毛泽东面前说："主席，不久以前，我给中共中央写了一份入党申请书。今天，我又重新抄写了一遍，当面交给主席，看看我赛福鼎够不够一个共产党员。"

毛泽东双手接过这份入党申请书，从前至后认真地看了一遍。旋即又把这

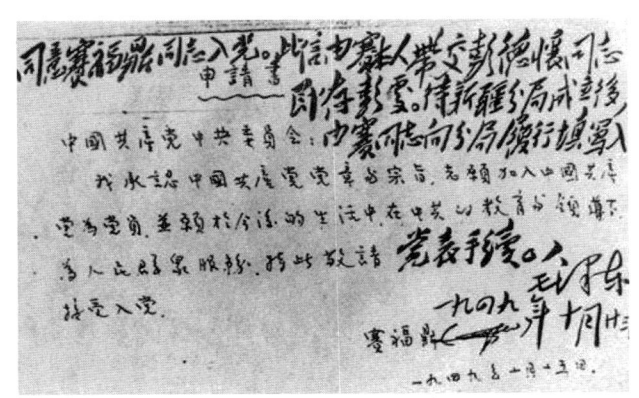

毛泽东在赛福鼎入党申请书上的批示

份入党申请书放在桌上，说道："赛福鼎同志，我欢迎你加入中国共产党！"

10月23日8点，周恩来为新疆代表团送行。他祝代表团一路平安，同时兴奋地告诉赛福鼎："你的入党申请，主席批准了。"他拿出赛福鼎的入党申请书，一字一句地阅读毛泽东的批示："同意赛福鼎同志入党。"周恩来又说："主席让你到酒泉后将申请书交彭德怀，待新疆分局成立后，再履行填写志愿书手续。"

赛福鼎的眼泪夺眶而出。①

---

① 李智舜著：《毛泽东与开国中将》，中共中央党校出版社1997年1月版，第90~101页。

王子冀垂涎红辣椒
毛泽东批评王鹤滨

1949年 8月，中共中央部分机关搬离香山，毛泽东进入中南海。不久，中共中央办公厅行政处副处长罗道让把王鹤滨叫到自己的办公室，对王鹤滨说："鹤滨同志。上级决定派你到中南海做毛主席的保健医生，叫我与你谈谈，看你有什么意见。"

王鹤滨当然知道这份任务的轻重。他沉思了好一会儿，像下定了决心，说："我去，但我有点担心，怕做不好。"

罗道让说了一些鼓励的话，就这样王鹤滨来到了毛泽东身边。

有一天，值班卫士把王鹤滨叫到了毛泽东的起居室。王鹤滨看到在紫云轩过厅的餐桌上已经摆好了饭菜，以及两个人用的餐具。王鹤滨站在那里出神的时候，毛泽东从寝室走了出来。毛泽东用手势示意王鹤滨坐在他的对面，王鹤滨听话地坐在了毛泽东对面，等待着毛泽东的指示。毛泽东没有什么指示，他招呼坐在那里愣神的王鹤滨："王医生，今天请你来陪我一起吃饭。"说完，又微微一笑，幽默地说："一个人吃饭没有意思，是吧?"

完全出乎意料，王鹤滨怎么也没想到今天主席是让他来作陪吃饭，他觉得这是个好事，不仅可以观察主席的饮食情况，还有机会聆听老人家的教诲。王鹤滨拿起了摆在眼前的筷子，高兴地和毛泽东一同进餐。

这是王鹤滨第一次陪毛泽东吃饭，刚开始的时候王鹤滨感觉很拘谨，总是低头自顾自吃自己的门前菜，常常是毛泽东这一点那一点地给王鹤滨夹菜，王鹤滨则紧张地站起来双手捧着盘子恭敬地盛接毛泽东夹给他的菜。毛泽东一边夹菜还一边有一搭没一搭地和王鹤滨闲聊，让王鹤滨放松。

"王医生，这道菜你喜欢吗? 我是喜欢吃的。"于是把一筷子苋菜放进了王鹤滨的碟子里。

"啊! 你年轻，应该多吃些肉，是吧?"于是，毛泽东把几片卤牛肉夹到王鹤滨的菜碟里。

王鹤滨有点应接不暇了。

毛泽东又问："按你们医生的观点，我们年纪大的人，只该多吃些青菜哟!"毛泽东风趣地说，夹起一筷子青菜放进口中。

"主席，动物油不要多吃。"上桌很久，王鹤滨总算找到机会说一句恰当的话。

……

毛泽东给王鹤滨夹菜的事不知怎么被汪东兴听说了。有一天，汪东兴和王鹤滨开玩笑："王大夫，你陪毛主席吃饭时，不要只顾自己埋头苦干呀！"说完自己嘎嘎大笑起来，有些木讷的王鹤滨懵然不懂，竟然没明白汪东兴这话是什么意思。汪东兴只好直来直去："你不能只管自己吃，老让毛主席照顾你呀！"王鹤滨这才明白汪东兴是什么意思，从那时候开始，王鹤滨才渐渐学会给毛泽东夹菜。

毛泽东喜欢让王鹤滨陪他一起吃饭，有时候，毛泽东请其他领导人吃饭也让王鹤滨作陪。久而久之，王鹤滨的儿子王子冀竟然也跟着沾了不少光，经常和毛泽东同桌吃饭。

周末的某一天，毛泽东又邀王鹤滨共进晚餐，王鹤滨也不客气，带着儿子就一起去了。那时王鹤滨的儿子王子冀还在上幼儿园，毛泽东很喜欢孩子，见了王子冀，毛泽东先打趣起孩子的爸爸："王医生，很好嘛，你也当起妈妈来啦，身兼二职哟！"

然后，毛泽东又把脸转向孩子："小娃娃，几岁啦？"王子冀怯生生地伸出四个手指头。毛泽东问"你妈妈呢？"王子冀开了口："妈妈上学去了。""想妈妈吗？"毛泽东一边问话，一边给孩子夹菜。王子冀吃着毛泽东夹的菜，渐渐感觉到不再陌生，瞅着和蔼可亲的毛泽东说："想，想妈妈。"

这时，毛泽东发现王子冀的眼睛总是瞟向那一小碟鲜亮的、红绿相间的炒辣椒。毛泽东来了兴趣："啊，小家伙，你想吃炒辣子啦？这东西可好吃啦。"说着，就夹起一截红辣椒，在孩子的眼前晃了晃。

王子冀刚要把嘴凑上去，却被他父亲拉开了："主席，不要给他吃！"

王鹤滨想，这辣椒大人都会辣出汗，孩子哪受得了，被辣得哇哇一闹，这顿饭就搅了。毛泽东见王鹤滨阻拦，就把辣椒放进自己嘴里，还做出很好吃的样子，王子冀口水都快给逗下来了。

这时，毛泽东又夹了一截辣椒，送到孩子面前："吃吧，可好吃啦，不要听爸爸的。"王鹤滨再次阻拦了毛泽东。王子冀却感觉有些奇怪：伯伯说好吃，又那么好看的东西，爸爸为什么就是不让吃呢？

辣椒还是被毛泽东自己吃了，但他带着批评的口吻对王鹤滨说："你让他吃嘛，怕什么？让他上上当。不要把孩子教育成那样，使他以为大人都是好人，大人也有坏人嘛！"

在孩子面前，辣椒使毛泽东想到了培养孩子逆向思维的意识，想到了认知世界的复杂性。辣椒，真让毛泽东吃出了与别人不同的味道。①

---

① 王凡、东平著：《红墙医生——我亲历的中南海往事》，作家出版社2006年1月版，第37~38页。

进北京李家骥摆放象牙筷子
访苏联毛泽东细说筷子理论

1949年9月的一天，毛泽东突然吩咐卫士："今天我要在家招待客人，是国民党起义将领。中午就在这里吃饭，你们准备一下。"

毛泽东留客人在家吃饭的情况极少，亲自嘱咐工作人员的情况更少。随后，中办主任杨尚昆也来给卫士布置任务，让李家骥通知厨房多加几个菜，还特别嘱咐招待科帮助搞好一点："你到招待科弄些好点的餐具来。"李家骥摇头摆手说："主任，主席反对摆阔呢！"杨尚昆知道主席家里的餐具难登大雅之堂，现有的竹筷子霉变发黑，洗不净，便解释说："这次例外嘛，不然人家会笑话我们的。"李家骥深知主席的习惯，自感为难，便跑到卫士长李银桥那里汇报。李银桥沉思片刻，说："既然杨主任这么安排，我们还是服从吧！"便和李家骥到招待科借来一套新碗和几双象牙筷子。

饭前，毛泽东不知怎么突然光临了东房餐厅，好像特意来检查。见餐厅布置得井然有序，毛泽东微微点头，但桌子上的象牙筷子一下子扑入了视野，毛泽东脸色立时一沉，大声道："谁让你们摆象牙筷子？赶快给我拿下去！"毛泽东进房时，李家骥心里就七上八下，见毛泽东果然生气，只得硬着头皮解释，说是从招待科借来的……毛泽东不等他说完，大声说："我叫你撤你就撤！"说罢拂袖而去。

刚进北京，毛泽东一直很高兴，还没发过火呢，今天突然为象牙筷子的事情发火，李家骥感觉非同小可，马上遵照毛泽东的指示重新换上了竹筷子，内心却感觉很委屈，跑去向李银桥汇报："刚才主席为摆象牙筷子的事发火了，你看，我当初说过不能摆嘛！只怪杨主任呢，现在主席火了，怎么办？"李银桥听了李家骥的汇报也感觉大事不好。他安慰李家骥："我去跟主席解释清楚。"说罢朝毛泽东办公室走去，一边走一边回头对李家骥说："你回去准备吧，就要开饭了。"

李银桥见了毛泽东，先自我批评了一番，对杨尚昆的吩咐却只字未提。"主席，象牙筷子是我让借的，您要批评就批评我吧！我琢磨主席平时很少在家里招待客人，不搞好一点会让客人笑话，再说来客也不一般呢！"李银桥一下子把所有事情揽在了自己身上。

毛泽东本来余怒未消，看李银桥主动来赔不是，心中的火气顿时消了一大半。他用缓和的口吻说："这件事嘛，我也有责任，怪我没有交代清楚。不过我今天再重申一次，今后不管来客是谁，都要讲究节约，不能摆阔气，不能大吃大喝。而且，今后无论是待客还是自家吃饭，一律用竹筷子。"①

关于筷子的事情，更严重的一次事件发生于1956年毛泽东去广州。那一次走得急，随行工作人员根本没有时间做行前准备，只得拿起平时准备好的行李慌忙上路。这次外出由卫士封耀松负责打点行装，封耀松事前也没有得到通知，只好匆匆忙忙地准备东西，根本没有时间细细思量。登上专列后不久，毛泽东开始用餐，封耀松这才发现忘记为毛泽东带筷子了。他感到大事不妙，大有罪责深重之感。然而，事已至此，也无可奈何。于是，他便去专列招待部门借了一双筷子。招待部门只有象牙筷子，封耀松心中惴惴不安。开饭时，毛泽东一眼便看到了这双象牙筷子，脸色顿时阴沉下来，火冒三丈，对封耀松大发脾气。其他同志见毛泽东如此生气，便极力劝慰，希望毛泽东能将就着用这双筷子吃完这顿饭。

可是，毛泽东任凭大家怎么劝慰，就是不肯用餐，甚至像孩子一样赌气"罢饭"。没有任何办法了，封耀松只得硬着头皮说："主席，我去服务员那儿借吧，看能不能借到。"毛泽东听后半天才吱声，说："你去吧！"于是，封耀松如获大赦似的立刻跑到专列服务员值班室借竹筷子。然而，年轻的服务员们一般用羹匙吃饭，很少有使用筷子的。她们听了封耀松的诉

① 吴连登主编：《毛泽东饮食趣谈》，中央文献出版社2012年4月版，第26~27页。

说，颇为同情，也深感为难，但还是答应想办法帮他找一找。

服务员们费尽周折，好不容易找到一双早已弃之不用、长短不齐、粗糙不堪的竹筷子。她们无可奈何地问封耀松："这能行吗？"封耀松满脸颓丧地说："有什么办法，先试试看吧！"然后转身便跑。封耀松没想到，毛泽东见了这双霉变丑陋的竹筷子，顿时眉开眼笑，连声说："好，好，我就习惯用竹筷子！"①

毛泽东在使用筷子方面的故事多得不计其数。据说，毛泽东使用筷子的技术也十分精湛。饭粒掉到桌面上，一般人很难夹起来，而毛泽东却能一粒粒将小饭粒夹起来送到口中。每每看到此景，工作人员们常常惊得目瞪口呆。

毛泽东喜欢用竹筷子，厌恶象牙筷子，而且厌恶到了过分敏感的程度，还旗帜鲜明地表明了自己的立场，但是个中原因大家却不甚了解，毛泽东也没有郑重其事地和大家详细解释个中原委，但是有那么两次，毛泽东专门谈到了筷子。

一次，李银桥与毛泽东闲聊，又扯起用筷子的事情。李银桥轻描淡写地说："毛竹筷容易长霉，主席平时使用的竹筷子就长霉，黑兮兮的，很难看。若用象牙筷子就不存在这个问题了。"毛泽东听罢，仿佛唤起了无限心事，但是也没有说得太多，缓缓地说："我从小到大都是用毛竹筷子，已经习惯了。"最后又一语双关地说："象牙筷子嘛，那是有钱人用的，太贵

---

① 吴连登主编：《毛泽东饮食趣谈》，中央文献出版社2012年4月版，第30页。

重了，我毛泽东拿不起！"①

还有一次，那是毛泽东第一次出访苏联，工作人员特别为他准备了一双木筷子。因为苏联人吃饭用刀叉，如果毛泽东到莫斯科后苏联老大哥没有为毛泽东准备筷子，那可怎么办啊？因此，出访前，工作人员便考虑到了毛泽东的这个特殊习惯，为毛泽东带了一双木筷子，做到有备无患，万无一失。

毛泽东乘坐中国专列至中苏边境，从那里改乘苏方迎接的专列。在中国专列上，陈伯达、师哲、李家骥等随行人员尚未感到生活上的任何不适，因为他们仍然在中华大地上，仍然用中国的习惯吃着中国的饭菜。在中苏边境换车后，大家才真正感到走出了国门，改变了环境。这时，无论是列车车厢设施，还是列车服务人员，都已是十足的"俄罗斯化"了。对于俄语翻译师哲来说，这种变化在心理上并未引起太大震动，因为他毕竟不是初出国门。而对于毛泽东、陈伯达、李银桥、李家骥等人来说，这一环境的突然变化给他们的心理感受就很大了。坐在苏联专列上，呼吸着异国他乡的空气，他们的感受毕竟有些不同。等到在苏联境内吃第一顿苏式饭菜时，大家的感受便更加丰富起来。就餐前，苏方服务人员鱼贯而入，手中托着盘子，刀叉利索地摆上了餐桌。大家看到这一阵式，心中不免感慨万分。毛泽东也瞅着满桌西式佳肴和锃亮锃亮的刀叉，显得若有所思。这时，中方工作人员在琳琅满目的刀叉旁为毛泽东

---

① 吴连登主编：《毛泽东饮食趣谈》，中央文献出版社2012年4月版，第28页。

摆上了一双木筷子。毛泽东落座后，右手拿木筷子，左手抓起一把叉子，很认真地对大家说："你们说说看，这两样东西哪种好？"

师哲就坐在毛泽东身边，他第一个搭上腔，说："我看，用习惯了两样都好。"

师哲显然没有领会毛泽东的意图，毛泽东侧过脸，问坐在另一边的陈伯达："你说哪种好啊，陈夫子？"

毛泽东问话时陈伯达正在艰难地用刀叉分割一块肉，而且口中已含了一大块。他抬起头，支吾着说："筷、筷——子——好呢！"毛泽东拿起一块餐巾擦了一下嘴，说："对，我认为也是筷子好。"然后他掰着手指头细数起筷子的好处来："第一，筷子经济。不用花多少钱就可以买到，不愿意买嘛还可以用一根树枝或竹子修一下就是一双筷子。筷子反映了我们中华民族勤俭节约的精神。第二，筷子大众化。中国老百姓吃饭都用筷子，而且连日本人也用筷子。第三，轻便好带，不怕丢失，不怕被盗。有这么多的益处，你们说是不是筷子好？"

毛泽东的"筷子理论"自然有些精辟独到，大家听罢纷纷说："对呀，还是筷子好呢！"并向卫士索要筷子，卫士却急了，忙说："没有了呢，我们只给主席带了一双，要不你们向苏联老大哥要吧！"大家一听，尽管失望得很，但也只得悻悻作罢。①

---

① 吴连登主编：《毛泽东饮食趣谈》，中央文献出版社2012年4月版，第28~29页。

不仅是筷子，就是高级一点的餐具，毛泽东也不喜欢使用。有一次毛泽东到青岛视察工作，青岛市人民政府交际处秘书科副科长刘世奎带着几名服务员、司机和厨师到毛泽东下榻的迎宾馆事先查看一下接待准备工作，晚上山东省和青岛市的有关领导又来查看一番，当他们走进厨房的时候，发现所有的餐具都是粗瓷的，马上安排刘世奎派人去购买了一套江西景德镇产的细瓷餐具。

第二天中午，当服务员给毛泽东摆餐时，毛泽东一眼就看出这是新买的餐具。毛泽东说："原来的两个粗瓷碗用着就很好嘛！餐具不用那么讲究嘛！"

服务员只好撤掉新买的细瓷餐具，又换上了原来的粗瓷餐具。

有人用节约勤俭等原因解释毛泽东用竹筷子、木筷子、粗瓷餐具这些事，有一定道理，毛泽东自己也说用筷子经济实惠，其实又怎是一个勤俭节约能说得通的呢？毛泽东如此忌讳象牙筷子，那是因为毛泽东见微知著。熟读史书的毛泽东一定是由象牙筷子想到了箕子警告纣王的历史故事，只是毛泽东不愿意说出来而已。

且说有一天，纣王让人用象牙做了一双筷子，他非常喜欢，每临用餐都使用这双筷子。其实这也正常，新官上任，肯定害怕别人谋害，这应该是一件很不起眼的小事。但是纣王的叔父箕子见了，却大惊小怪起来，百般劝阻纣王，让他收藏起这双象牙筷子。纣王很不以为然，满朝文武大臣也都不以为然，所以纣王对箕子的话并没有理睬，仍然十分高兴地使用着这双象牙筷子。

箕子却从此忧愁起来，大家都莫名其妙，问箕子忧愁的原因，箕子回答说："纣王用象牙做筷子，必定不会再用那些土制的瓦罐盛汤装饭了，肯定要改用犀牛角做成的杯子和美玉制成的饭碗；有了象牙筷子、犀牛角的杯子和美玉制成的饭碗，难道还会用它们来吃粗茶淡饭和豆豉菜叶煮的汤吗？国君的餐桌从此顿顿都要摆上美酒佳肴了；有了象牙筷子、犀牛角的杯子和美玉制成的饭碗，桌上摆满了美酒佳肴，如果继续使用原来的桌子、椅子和家具就不般配了，国君必然要更换皇宫里的所有家具；家具更换了，住的就要求富丽堂皇，否则就和这些崭新的家具不配套，因此还要大兴土木筑起亭台楼阁以便取乐；皇宫重新翻建之后，周围的建筑和皇宫就不和谐了，所以周围的建筑就必然要重新规划；如果整个京城都重新规划建设了，那样其他城市与京城相比就落后了……想到这样的后果，我感到不寒而栗。"

箕子的预言果然应验了，蜕变之后的商纣王恣意骄奢，暴虐无道，酒池肉林，夜夜笙歌，短短五年时间，就断送了商汤绵延了五百年的大好河山。

吃饭用的一双筷子，看似无足轻重的小节，却正是由于对这种小节的忽视而滋生了骄奢淫逸之风，终致国家灭亡，这样的教训熟读史书的毛泽东怎么会不深刻记取呢？然而毛泽东的卫士们又怎么能体会到毛泽东的良苦用心？

五大书记皆海量
四菜一汤求简约

国宴是最隆重、规格最高的正式宴会。严格地说，只有国家元首或政府首脑为国家的庆典，或国家主席、国务院总理为外国元首或政府首脑访华而举行的正式宴会，才称得上国宴。国宴通常在国宾抵京当晚或次日晚在人民大会堂举行。

一直以来人们对国宴都抱有很强烈的好奇心。中华人民共和国成立后的第一次国宴是在1949年10月1日下午举办的，周恩来、朱德、刘少奇等中央领导人与大家一起从天安门广场来到北京饭店，出席新中国成立后的"开国第一宴"，当时来自社会各界的代表和国外来宾六百余人有幸参加了这次开国第一宴，所以习惯上把这次宴会也称为国宴。

在开国大典前的一些日子里，不仅会议很多，宴会也很

开国大典

多。为此，食物要甄别有无毒性，为了安全起见后来还专门成立了检验室，当时王鹤滨被公安部任命为检验室主任。检验室的任务主要是保证食品的卫生、无毒，每次会前都必须进行检验，以保障中央领导、各民主党派的首脑人物以及全国各地、各阶层、各民族集中到北京来的知名人士和代表们的安全。

那一天，修葺一新的怀仁堂古色古香，中南海里熙熙攘攘、车水马龙，好一派令人沉醉的喜庆场面，人们的脸上都充满着洋洋喜气。怀仁堂大厅里摆好了宴会的餐桌，一瓶一瓶的中国名酒，茅台白酒和通化红葡萄酒、绍兴老酒……都已摆放在餐桌的一角，正等待着招待嘉宾；有的已经打开了瓶盖，浓郁的酒香随着人员的流动，向代表和客人们袭来，连人们的衣物也都被美酒熏香了……

国宴开始之前，站在怀仁堂东南角过道大厅入口处的汪东兴（中央警卫处处长）和李福坤（副处长，汪的助手）把王鹤滨叫到他们面前，李福坤低声嘱咐："鹤滨同志，不能让中央领导同志因饮酒过多而不能登上天安门，无论如何不能醉倒一个，你要想想办法！"

两位领导临时下达了指示，神情严肃，语气沉重恳切，等于把重任压在了王鹤滨的肩上。没有时间考虑了，因为宴会马上就要开始了。突如其来的指示让王鹤滨措手不及，大概领导是想叫王鹤滨拿出能解酒的什么灵丹妙药来。这是他们出于保证首长安全，保证首长正常登上天安门，也算是一项政治任务吧。领导们以为当医生的一定有解酒的药，像某些解毒药物一样，一经吃下这种解酒药就千杯不醉了，醉了也会一吃就醒。其实，千百年来哪有什么长生不老、千杯不醉的灵丹妙药啊！王鹤滨还真有点发愁了，这保健医生的业务范围竟是这样大，连王鹤滨这个无忧无虑的乐天派也感到了沉重的压力。

王鹤滨默默地思考着上级的指示，茫然的神情代替了刚刚还笑容满面的神态，这任务如何完成啊？宴会就要在怀仁堂大厅里进行了，首长和国宾们都已经坐在了餐桌旁边，祝词说完就要举杯了，哪里去找解酒的灵药啊！？任务又是不容推卸的，也不能"听天由命"。怎么办？在这种热烈而又兴奋的场合，能不能走到每一位书记的面前，劝说他们少饮酒呢？或者当他们举杯祝酒时，跑过去"掣肘"？当然了也不可能找人代饮，那样做不是太煞风景了吗？不然，又如何完成这项任务呢？

"灵感"突然来啦，办法终于逼出来啦，这种现象大概叫急中生智吧！王鹤滨想，茶叶有点解酒的作用，由喝茶水自然想到了用茶水代替红葡萄酒，进而想到用白开水代替茅台酒。事不宜迟，用茶水代替葡萄酒，用白开水代替白酒，给参加宴会的首长们喝，保证不会"醉"倒一个；于是，王鹤滨将自己的"发明专利"向汪东兴、李福坤做了紧急报告，又经过首长杨尚昆的首肯，立即被执行了，临时成立的"美酒酿造厂"在怀仁堂开张了。王鹤滨先做了一下试验，倒在高脚玻璃杯中的茶水和白开水，在外观上用肉眼是无法与红葡萄酒和茅台酒区别的，只要不喝是不能分辨真假的。说干就干，大家利用刚倒完的空酒瓶子，迅速地装满了几瓶"特制"的"茅台"和"通化葡萄酒"，并马上让几位卫士长当起"招待员"来，把"招待员"们的"特酿好酒"斟进了首长们的高脚杯中。这些临时招待员不需要化装，因为在怀仁堂执行招待任务的这些小青年和那些正式的服务员不仅年龄相仿，也都穿着相同样式、相同颜色的工作服，就像军服一样，只是用藏蓝色代替了军装的绿色而已。

开国大典于10月1日下午15时开始，持续了大约两个小时左右。经过短暂的休息和准备，当晚19时，开国第一盛宴正式开始。

五大书记中，刘少奇是酒量最小的了，这是他长期做地下工作养成的习惯，因为喝酒是最容易坏事的。但是，在这开国大典的喜庆日子里，为了应酬嘉宾，又不能不喝，尤其是从苏联来的"老大哥"，可以说个个都称得上是"英雄海量"，这使刘少奇很被动，少喝了有失礼貌，多喝了又没有酒量，其被动局面是可想而知的。他喝了为他们准备的"特酿"后，满意地转过头来，向王鹤滨投来一缕微笑。这一缕微笑，既表示赞许又表示感激，这缕微笑是对大家最大的奖赏和鼓励，在大家的心中荡起了成功者欣喜的涟漪。刘少奇饮过"特制"的"通化红葡萄酒"后，胆子一下子就大了起来，甚至举起特制"茅台"主动向苏联"老大哥"碰杯祝酒、挑战了，并且一饮见杯底，一滴不剩。突然，一位苏联"老大哥"手持酒杯，走到刘少奇面前祝酒，浓香的茅台酒满满地鼓出酒杯口沿之上。刘少奇的卫士长石国瑞马上给首长斟上了"特制"的"茅台"酒，刘少奇刚要伸手举杯，苏联"老大哥"敏捷地将自己的酒杯送到了刘少奇的手里，同时，客人迅速地将那杯"特制"的"茅台"酒从刘少奇的手中拿了过来，一饮而尽。这是苏联的礼节，要喝换杯酒，表示亲密无间的浓厚友情。苏联"老大哥"把酒喝到口中后，就哇里哇啦地讲了几句，当时没有翻译，也不知道他说了些什么。从他的表情看，稍微地皱了皱眉头，把头侧着抬了一下，嘴巴动了两下，舌尖舔了舔两边的口角，双手向左右一摊，大概是觉得这"茅台"怎么是这样的淡而无味呀！真不理解刘少奇会喝这样无味的酒……

这突如其来的事件令大家很担心，"秘密武器"被识破了？招待员赶快给苏联"老大哥"斟满了一杯真正的茅台酒，同时像变戏法一样将刘少奇手中的那杯茅台酒用"特制"的"茅台"换了下来，两人同时举杯喝了下去，苏联"老大哥"品了一下口中茅台酒的余味，没有再哇里哇啦地喊叫。他仍然频频地畅饮如故，没有影响大家饮酒的兴致，大家这才一块石

五大书记皆海量　四菜一汤求简约

115

头落地，放下心来。

周总理是能喝几杯的，这是他多年外交活动的锻炼。他喝了一杯"特制"的"茅台"酒，立即转过头来，用严厉而疑虑的目光向王鹤滨这位临时的"招待员"投射过来。周总理对工作的要求是非常严格、认真的，从来一丝不苟，他对下级的要求，也是要像他那样精明、强干、准确、敏捷。尤其是在这样重大的外交场合，更来不得半点马虎。他常说，外交无小事。从他射向王鹤滨的眼神看，是在批评这些"临时招待员"，为什么这样不称职，竟如此粗心大意，怎么把水当成酒了？如果这种错误发生在国宾身上，让客人喝下去的是水而不是酒，是多么无礼的事情啊！接着周总理责备的目光收了回去，用带着歉意的目光看了看客人，他们并无任何反应，都在兴奋地开怀畅饮，也就把大家放过去了，他大概觉得错事并没有发生在客人身上。因为事先来不及向总理报告大家临时采用的措施，引起了这点误会。他的秘书何谦走到总理身旁，耳语了几句，大概向周总理解释了这些临时措施，周总理又回过头来，用温和的眼光看了王鹤滨一眼，算是谅解了，国宴仍在欢畅的气氛中进行……

毛泽东喝下"特酿"后没动声色，好像什么也没有察觉，事后人们猜测，毛泽东大概精神太专注集中了，没有感觉出来。其实那是瞎扯，毛泽东那么思维缜密，怎么会没有感觉？那恰恰反映了毛泽东政治上的高度敏锐与成熟，因此才能做到不动声色。

这样，国宴下来，畅饮的首长们，脸都未红，个个都是

"海量"，一个也没有醉。

但是国宴并不是十全十美。

据说，开国第一宴举办时，考虑到嘉宾来自五湖四海，周恩来亲自确定：菜式以咸甜适中、南北皆宜的淮扬菜为主。当时，北京饭店厨房人手不够，还特意从锡拉胡同聘请了京城著名的淮扬饭庄"玉华台"的一些淮扬菜名厨，有朱殿荣、王杜堃、孙久富等九位厨师。平心而论，玉华台这家饭店，称得上是非常讲究、极为地道的"淮扬风味"，他们号称专门做大菜筵席的高级饭庄，在过去的北平颇有名气，请来的这几位厨师也各有擅长。

经过当年参与"开国第一盛宴"的厨师们的回忆，可以大致拼凑起来一个"开国第一宴"的菜谱。首先，压桌的"冷菜"分别是：酱牛腱子、兰花干、四宝菠菜、硝肉、炝黄瓜条、桶子笋鸡、油吃冬菇、醉冬笋和五香肉干。热菜是：红烧鱼翅、烧四宝、干焖大虾、红烧鸡块、鲜蘑菜心、冬菜扒鸭、红烧鲤鱼、红烧狮子头，此外还有一盆燕菜汤。极具代表性的主食也颇为讲究，有精致的点心：淮扬汤包、炸春卷、黄桥烧饼等等。

有趣的是，新中国"第一宴"并未紧盯茅台，还展示了举世闻名的黄酒和其他白酒以及一些有特色的地方名酒，比如酒香浓郁、出身独特的绍兴黄酒，名气十足的山西汾酒、竹叶青酒等等，都纷纷登场，打开了一片引人入胜的新奇天地。

但是，毛泽东对这个开国第一宴是有看法的。他认为宴会规格太高，他批评说，接待宴会，大讲排场，吃掉的还没有扔掉的多，白白浪费了国家的金钱和物资。千篇一律地上燕窝鱼翅那些名贵的菜，花钱很多，又不实惠。有些外国人根本不吃这些东西。我们请外国人，有"四菜一汤"就可以了。

从此以后，国宴热菜减少了，因毛泽东的批评而得到了改正，从此确立了"四菜一汤"的标准，并沿用下来。不管哪个国家元首来访，国宴菜单都是严格按照"四菜一汤"的标准。不过，"四菜一汤"并不包含冷盘、点心，冷盘标准不大一样，有时有一个大拼盘，有时有七八个小碟之多。其实到江泽民任国家主席时，国宴的标准已经开始尝试"三菜一汤""两菜一汤"了。

由于礼宾官对来访国宾了解不细致，不太符合国宾胃口的菜单偶尔也有发生。1976年9月，萨摩亚国家元首访华，当晚宴席的菜肴，以"汤"居多，吃的是"味"。但对于萨摩亚人来讲，就不够实惠了。他们平时的食品多以面包果、芋头等薯类为主，淀粉含量大，胃口也大，几小碗汤汤水水吃下去，过不了个把小时便饥肠辘辘了。

晚上10时，元首副官来到接待室，说他们晚饭没吃饱，可否给他们弄点芋头、啤酒。宾馆服务人员搬来了一箱啤酒，但临时找不到芋头，外宾只好拿些面包、香肠充饥。元首一行去南方访问时，每顿饭都加了煮芋头、烤芋头等点心，贵宾们非常满意。

20世纪60年代，我国欢迎来访国宾的宴会通常设宴席五十多桌，除邀请来访国宾一行出席外，还邀请外国驻华使节夫妇，外交团就有二十多桌，加上中方陪客，济济一堂。当时宴席上，通常为冷菜六种，热菜四道，每位客人面前，各摆大中小杯三个，烈性酒茅台以及其他名牌葡萄酒等，杯子斟得满满的。另加上橘子水、矿泉水等。

自1978年9月起，外国国家元首、政府首脑访华，中方不再通知各国驻华使节参加迎送。为来访国举行的国宴，只邀请来访国驻华使节和使馆部分外交人员出席。1990年以后增加邀请来访国周边友好国家的驻华使节出席，这种邀请通常商请来访国确定。

目前的国宴通常为七或八桌，今天的国宴通常只邀请国宾随行人员三十至五十人出席。如国宾随行人员少，宾主出席者不超过五十人，宴席则安排长条桌或马蹄形桌。这种安排在国外屡见不鲜。

1984年11月再次确定：宴请来访外宾的次数不宜过多，宴请时中餐四菜一汤，西餐一般两菜一汤，最多为三菜一汤。选定菜谱要考虑到来访国饮食方面的禁忌，邀请范围也尽量缩小。宴请的形式力求多样化，除宴会外，还可采用酒会、冷餐会或自助餐等其他形式。过去国宴通常花两三个小时，目前我国国宴时间约为一小时十五分钟。

1984年后，外交部根据中央和国务院有关领导的指示，对国宴的改革做了具体明确的规定，国宴的标准：总书记、国家主席、委员长、总理、军委主席、政协主席举办的宴会，每位宾客为五十至六十元，如果宴请少数重要外宾，则在八十元以内掌握开支，一般宴会每位宾客标准为三十至四十元。其实比我们想象的要差很多，比一些国企老总宴请客户的饕餮大餐要

五大书记皆海量　四菜一汤求简约

119

简单得多。

　　自 1987 年 6 月起，我国国家领导人出国访问不举行答谢宴会，外国领导人访华也不举行答谢宴会。其实国宴礼仪改革还有很多是细水长流式的变革。例如，新中国成立初期国宴就实行分餐制，不过，那时是菜端上桌后，由服务员给每位宾客分，剩下来的，就搁在桌子的中间，谁吃谁去拿。1987 年后，都是由厨师按宴会人数把菜分盘，再端上去。这样做，既减少浪费又卫生方便，也利于服务员实行规范化的服务。又如，国宴一律不再使用烈性酒，如茅台、汾酒等，根据客人的习惯和禁忌确定用酒，如啤酒、葡萄酒或其他饮料，一般不上白酒。

　　以前宴会厅内悬挂来访国及中国国旗，宾主双方都发表讲话，讲话稿译成英、法、俄三种文字。后来改为国宴大厅不挂两国国旗、不奏两国国歌，双方不正式致辞，一切向简约化方向发展。①

---

　　① 李静主编：《实话实说丰泽园》，中国青年出版社，2007 年 4 月版，第 2~4 页。

费德林推荐苏联烧鹅
毛泽东赞美中国烤鸭

1949年 12月6日，北京。白茫茫的大雪将北京装扮一新，火车站行人稀少。晚上6点多钟，毛泽东身披斗篷、头戴皮帽与随行人员陈伯达、叶子龙、汪东兴、师哲等踏着脚下厚厚的积雪，在西直门火车站登上了开往莫斯科的专列。专程送行的公安部部长罗瑞卿、铁道部部长滕代远以及李家骥等一些警卫人员也一同登上了专列。专列由前卫车、主车、后卫车组成，专列内部装修得很漂亮，车厢内设有办公室、卧室、卫生间、客厅，还有秘书室、工作人员室。

毛泽东还没坐过这么高级的火车，感到很新鲜也很满意。毛泽东问滕代远："这列车是哪里生产的？"滕代远介绍说："这是美国送给蒋介石的，老蒋一次也没坐过就成了我们的战利品了。据说宋美龄坐过一次。"毛泽东和周围的人听了都哈哈大笑起来。

这是毛泽东有生以来第一次出国，此行一共有两个主题：第一是为斯大林祝寿，第二是准备与苏联签订一个条约。条约的具体谈判事宜将由随后去莫斯科的周恩来办理。所以，从尊重斯大林的角度考虑，中方告诉苏方，毛泽东此行的目的就是给斯大林祝寿。

12月16日莫斯科时间中午12时，毛泽东乘坐的专列准时抵达莫斯科北站，受到苏联领导人莫洛托夫、布尔加宁、孟希科夫、葛罗米柯等人的热烈欢迎。

苏联方面在莫斯科市西南郊为中国党政代表团准备了一套豪华别墅——孔策沃别墅。孔策沃别墅建于20世纪30年代初，总面积一千平方米左右，位于莫斯科西郊，距克里姆林宫大约二十七公里，十二分钟车程，周围是茂密的森林。斯大林时代，这里一直是斯大林的私人别墅，它配备着当时最先进的保安系统，有两道围墙守护，其中一道围墙还有监视孔，负责别墅保安工作的是经验丰富的苏联军人。斯大林是一个多疑的人，但他可以在孔策沃别墅安心地休息生活，一般人是无法进入孔策沃别墅周边地区的。斯大林通常在莫斯科近郊的孔策沃别墅招待官员，出于安全考虑，斯大林对莫斯科的街道了如指掌，大家都知道斯大林要去孔策沃别墅吃饭，却不清楚斯大林会走哪条路去孔策沃别墅。

苏方考虑得非常周全，毛泽东到达孔策沃别墅的时候，餐厅里已经摆满了一桌丰盛的西餐。有欧洲大菜烧全鹅、烤火腿、烤牛排等，可以说相当丰盛。桌子上还摆满了俄罗斯风格的各种名酒，比如伏特加，格鲁吉亚红葡萄酒、白葡萄酒，等等。每个座位前都整齐地摆放着刀、叉子、勺和盘子。虽然毛泽东在专列上已经领略了一次别具风格的俄罗斯西餐，但是那阵势跟眼前的阵势又另当别论了，绝对不可同日而语。

王稼祥、师哲和苏方翻译费德林陪同毛泽东共进午餐。王稼祥在苏联留学多年，是苏联通。他首先向毛泽东介绍桌子上红黑各色的小盘食品："主席，这是苏联有名的红鱼子和黑鱼子，许多苏联人都爱吃，请主席尝尝。"

"我尝一下！"毛泽东用叉子挑起盘子里的一点黑色鱼子，放进嘴里品味了一番，点头说，"嗯，是海里的鱼子。"

见毛泽东吃得高兴，师哲向毛泽东推荐一盆泛着红颜色的汤："主席，这是罗宋汤，很好喝的。"

费德林见毛泽东对西餐感兴趣，立刻用俄语向大厅深处打了一声招呼，马上一位漂亮的女招待站到了桌前，她恭敬而熟练地为毛泽东盛了一碗罗宋汤。罗宋汤是发源于乌克兰的一种浓菜汤，成汤以后冷热均可享用，在东欧或中欧很受欢迎。在这些地区，罗宋汤大多以甜菜为主料，再加入马铃薯、红萝卜、菠菜和牛肉块、奶油等熬煮，也有些地方以番茄为主料、甜菜为辅料，因此呈紫红色。

毛泽东点头微笑着，向漂亮的女招待员表示谢意，然后面对着师哲说："这么红的东西，叫罗宋汤，听说维生素A很多哩！"

师哲点头："请主席尝尝。"

毛泽东试着用汤匙喝了一口，"嗯，味道不错！"

费德林见初来乍到的毛泽东对桌上的菜肴很感兴趣，心里也感到轻松愉快，便改用汉语直接与毛泽东交流，请毛泽东用餐。

毛泽东、王稼祥、师哲用餐的时候，费德林接了一个电话。

费德林回到餐桌上的时候，脸上明显地表露出喜形于色的神情，用汉语十分恭敬而热情地说："尊敬的毛泽东主席，吃过午饭以后，请您休息，晚上6点钟请您到克里姆林宫会见斯大林同志。还有，苏联党和政府的主要成员也将在那里迎候您。"

毛泽东听了费德林的话也表现出由衷的高兴，用餐巾擦了擦嘴角，微笑着对费德林说："好的，我一定准时到。"

费德林不失时机地说："请毛主席品尝一下苏联厨师做的烧鹅，很好吃。"

毛泽东已经熟练地掌握了使用刀叉的技巧，他用餐刀切下一小块鹅肉放进嘴里："嗯，味道不错！"

费德林说："那就请毛主席多吃一些。"

毛泽东说："莫斯科的烧鹅的确不错，可以和北京的烤鸭媲美了！"

费德林谨慎地问："哪一样更好吃一些呢？"

虽然费德林一直陪伴在毛泽东左右，但是面对如此敏感的问题，费德林还是没有得到期待的答案，毛泽东不假思索地说："当然是北京的烤鸭好吃了！"

费德林一时语塞，不再探讨这个问题。

饭后，毛泽东被引进一处带有三个套房的豪华间休息。苏方人员离开后，毛泽东对师哲说："多少年了，今天总算可以见到斯大林同志了！"

师哲说："主席坐车已经很疲劳了，应该利用这段时间休息一下。过会儿见了斯大林，还不知道要谈到什么时候呢！"

毛泽东兴奋地说："已经疲劳习惯了，我是不怕熬夜的。只要斯大林同志有兴趣，我们可以谈个通宵嘛！"

师哲再次劝说："主席还是休息一会儿吧！"

这次，毛泽东像是听了师哲的话，脱掉脚上的皮鞋，在一张宽大的沙发床上躺了下来。①

费德林推荐苏联烧鹅　毛泽东赞美中国烤鸭

① 邸延生著：《毛泽东两访莫斯科》，新华出版社 2006 年 12 月版，第 84~86 页。

毛泽东难倒费德林
斯大林细说葡萄酒

莫斯科时间晚上6时，斯大林与毛泽东在克里姆林宫正式会面。毛泽东一跨进大门，斯大林首先迎上前来，笑容可掬地伸出双手，表示出非常友好的姿态。毛泽东也伸出双手，紧紧握住斯大林的手。两位世界上最大的共产党领袖的手在刹那间紧紧地握在一起。

简短的寒暄之后，斯大林仔细端详着毛泽东，非常激动地说："伟大，真伟大，你对中国人民的贡献很大，你是中国人民的好儿子，我们真诚地祝愿你健康！"

毛泽东却说："我是长期受排挤的人，有话无处说……"

斯大林知道，毛泽东在发泄多年以来积郁在心头的不满。斯大林毕竟是一位经验丰富的政治家，他说："不，胜利者是

毛泽东与斯大林

不受谴责的，这是一般的公理。"

斯大林的这句话把毛泽东要发泄的话挡了回去。于是谈话逐渐进入正题，内容海阔天空，从前线的军事情况谈到未来的经济建设。斯大林一直在揣摩毛泽东此行的意图和愿望。斯大林笑着问毛泽东："你来一趟是不容易的，那么我们这次应该做些什么？你有些什么想法和愿望？"

毛泽东不卑不亢地说："这次来，一是为你祝寿，二是看一看，从南到北、从东到西都想看一看。"

毛泽东并没有说出此行的真实目的，斯大林按捺不住了，再次用探寻的口气问："毛泽东先生，你这次远道而来，不能空手回去。咱们要不要搞个什么东西？"

当然要搞一个什么东西，但是依毛泽东的想法，这个东西最好由苏联方面提出来。所以，毛泽东用东方式的充满智慧和幽默的口吻很酷地说："恐怕是要经过双方协商搞个什么东西，这个东西应该是既好看又好吃。"

斯大林面对毛泽东的回答彻底蒙圈，弄不懂什么东西既好看又好吃。师哲在翻译毛泽东这段话时特别做了一番解释：好看，就是形式好看，要做给世界上的人看，冠冕堂皇；好吃，就是有内容，有味道，实实在在。然而，苏联人仍然没有理解那是何物，全都目瞪口呆，贝利亚竟然失声笑了起来。

斯大林虽然不大理解东方人的幽默，但是他沉着冷静，仍然婉转地继续询问。毛泽东却不肯说明，因为毛泽东认为斯大林应该知道新中国需要什么，他应该主动提出帮助我们，不主动提出就说明还不够诚恳。毛泽东是想借此检验一下，斯大林在援助中国这个问题上是不是诚恳。

就这样，毛泽东和斯大林的第一次会晤，在留下这个有趣的悬念中结束。斯大林几次来探寻毛泽东的底牌，想弄明白那个"既好看又好吃"的东西究竟是什么，却一直没有得到满意的答案。毛泽东也期待再次与斯大林会晤，国内百废待兴，毛泽东不想在苏联耽搁太长时间。但是在没有弄明白毛泽东这个谜语的谜底之前，斯大林似乎不打算再与毛泽东会晤，毛泽东只好在等待中度过了四天时间。一直到12月21日，斯大林七十大寿，苏共中央在莫斯科大剧院举行庆祝大会，毛泽东才和斯大林再次会晤。这次会晤，斯大林仍然没有弄明白毛泽东所说的"既好看又好吃"的东西是什么。

12月24日，斯大林和毛泽东开始正式会谈，地点设在克里姆林宫。虽然是正式会谈，却是在一种非常友好和轻松的气氛里进行，一边吃饭，一边饮酒，一边聊天，毛泽东真正品尝到了苏联人准备的"既好看又好吃"的俄罗斯大餐。

斯大林和毛泽东都坐在长桌的顶头，他们之间隔着翻译。中苏双方的官员都坐在各自领袖的一侧。桌子上摆设齐全：每个座位前都有餐具、高脚杯、小酒杯、矿泉水、几瓶格鲁吉亚纯葡萄酒，这是斯大林最爱喝的葡萄酒，还有温室里培育出来的新鲜蔬菜。那时候中国还没有温室大棚，在严寒的冬季里能吃到新鲜的蔬菜，的确是享受。

在长桌的一头，有一个摆着各种美味佳肴的小桌。个人根据自己的口味选择自己的食物，其实就是我们现在流行的自助餐，苏联比我们先行了几十年而已，当时我们哪有自助餐啊！那时候这种进餐方式对我们而言也算是一件新鲜事。当时准备的菜肴并不是特别多，不像我们现在总是搞得那么丰盛、那么复杂，但是每一种食物都非常可口。室内没有服务人员，只有一名女侍者端来热菜，给毛泽东过目，然后送到小桌子上去。酒是自斟自酌，能饮多少就饮多少，这正好适合不擅饮酒的毛泽东。

白兰地酒瓶放在桌子正中，大家各自斟满了一杯白兰地，只有斯大林没有斟白兰地，在他的酒杯中是红葡萄酒和白葡萄酒的混合物。在他的右侧放着两个酒瓶，一瓶红葡萄酒、一瓶白葡萄酒，专供他一人饮用。

毛泽东不胜酒力，所以特别留意了斯大林手边的两瓶酒。

毛泽东觉得，主人招待客人，不能把某一种佳肴或酒水据为己有而不让客人品尝，这不符合东方人的待客之道。毛泽东不知道这是东西方的差异，还是斯大林要表示一种什么意图。反正，毛泽东觉得斯大林是在那里摆架子。

坐在斯大林斜对面的贝利亚击了一下手掌，还用玻璃杯敲了敲桌子，就像我们眼下喝酒时"过电"一样，不过意思不大一样。我们用玻璃杯敲桌子"过电"，那是因为彼此距离太远，不方便碰杯，所以用"过电"代替。而贝利亚敲桌子则是表示：最隆重的时刻到来了！他用犀利的目光扫了大家一眼，看大家酒杯里都斟满了白兰地，他站了起来，讲了几句祝酒词，劝大家干杯。

在后来的几次会谈中，关于斯大林的葡萄酒还发生了一次有趣的花絮。

毛泽东小声问费德林，斯大林为什么把红葡萄酒和白葡萄酒混合到一起，而其他的同志为什么不这样做？费德林告诉毛泽东，这很难解释，这事最好问斯大林本人。毛泽东却认为问斯大林本人不太礼貌。

"你们在那儿秘密地小声谈什么，要背着谁？"斯大林见费德林和毛泽东小声交谈，明显有些不舒服。

"是这么回事……"费德林触电一般转过身来对斯大林说。

"是的，是有点事……"斯大林说。

费德林不敢再隐瞒了："毛泽东同志问，您为什么把各种酒掺起来，而其他同志为什么不这样做？"

"那你为什么不问我呢？"斯大林的眼睛盯着费德林。

"请原谅，毛泽东坚持不要这样做，他认为这样问您有点不礼貌……"费德林有些吃力地解释。

"而你觉得在这儿应该听谁的呢？"斯大林打断费德林的话，略带狡黠地问，然后嘿嘿一笑，开始向毛泽东解释："您知道，这是我早已形成的习惯。每一种葡萄酒，特别是格鲁吉亚葡萄酒都有自己的味道和香味。我用红白葡萄酒混合起来增加酒的味道，就像用草原上不同气味的香花扎成一个花束。"

毛泽东问："那你喜欢什么酒呢，斯大林同志，是红葡萄酒还是白葡萄酒？"

"我常饮白葡萄酒，"斯大林以陷入回忆的表情说，"但是，我相信红葡萄酒，我早就开始饮这种酒。还在流放时，得了一种伤寒病，一个狱中善良的医生悄悄地给我用少量的红葡萄酒，似乎是西班牙酒，从死亡边缘救了我。从那时起，我就深信，红葡萄酒可以药用。"

这场让费德林虚惊一场的插曲就这样在毛泽东的掩护下过去了。

毛泽东是哲学家和诗人，语言幽默而浪漫，斯大林更像语言学家，他追求的是咬文嚼字和逻辑的严谨性。但是，无论怎样，在大的原则趋同的基础上，经过几天的友好会谈，彼此增进了理解，渐渐的，斯大林弄明白了毛泽东所说的"既好看又好吃的东西"到底是什么了。底牌亮开了，所以接下来就是签订协议的事了，就没有毛泽东什么事了，他要从南到北、从东到西更多地了解一下这个地球上第一个社会主义国家到底是个什么样子。

其实，吃饭有时候比干巴巴的会谈效果更好，它营造了一种轻松愉快的氛围，在这样的氛围里彼此的交流变得更融洽、更自然。①

———————

① 文显堂、郑巧临编著：《毛泽东与外国首脑》，中共中央党校出版社1999年12月版，第18~34页。

"土包子"要吃红烧肉
"洋包子"端来一盘鱼

1949年中共中央进入中南海。那时江青正在苏联治病，回来后也住进了菊香书屋，江青在菊香书屋院内另外择屋而居。但是她骨子里看不上那里的生活条件，所以她以治病为名，经常外出到全国各地住宾馆，还几次以治病为名到莫斯科长住。就是回到家，她也看不上毛泽东的饮食习惯，认为毛泽东是"土包子"，和毛泽东吃不到一起。

当时为了照顾江青的政治地位，中共中央给了她一个中宣部处长的职务，其实她也不去上班。1955年中央又给了她一个毛泽东秘书的名义（相当于副部级），也是为了便于照顾毛泽东的生活。

江青得到了这么一个"秘书"的头衔，似乎神气了许多，对身边的人架子也大起来了，对身边的一些事情也更挑剔了。当时江青时常去看望林彪，请林彪介绍养病经验。林彪说了"三不"：不见阳光，不听噪音，不吹凉风。帘子要黑的，空气要温的，地毯要铺满。此后，江青有样学样，向林彪看齐，住在哪里都要求将地毯铺满，以保证室内绝对安静。非但如此，她在外地的一些作威作福行为，在新中国成立后的历史上也是骇人听闻的。

例如60年代初江青住在广州时，由于怕声响，要求负责打扫院子的清洁工不能用扫帚扫落叶，只能用手一片片地捡拾落叶。她对周围的工作人员动辄斥骂，对老专家大夫颐指气使。有段时间，江青声称自己不能听到飞机的声音，为此竟要广东省委下令住地附近不得有飞机掠过。结果她住广州的最后一个多月里，城北的白云机场只好关闭，民航的客机不得不在军用机场起落。幸亏当年国内民航航班还很少，对外未造成多大的影响，不过江青凌驾于地方政府和人民之上的心态这时已经显露无遗。

江青回到中南海，处于毛泽东的眼光之下，周围的卫士虽然也了解她的为人，但是并不怎么怕她，因此她还不敢提太过分的要求，但也是越来越难侍候，脾气越来越大，也越来越坏。当时她虽然还不敢动手打人，对不满意的卫士却要罚站。有的医生解释说这是更年期反应，怕风、怕声音、爱急躁、爱发作。当时卫士们便纷纷私下议论：

"她现在身份不一样了，是大秘书了，副部长级。"

"官越大病越难治呗。"

每逢江青回到菊香书屋，都会因为一些鸡毛蒜皮的小事跟周围的人吵架，不是为了打扑克，就是有什么声音干扰了她。江青吵遍了周围所有的人，所以毛泽东跟每个卫士都说过这样的话："给我一个面子，不要跟她计较了。"

对江青的种种无理取闹，毛泽东也感觉非常厌烦，据李银桥回忆，他曾这样抱怨过：

"扫兴！江青到哪里哪里就扫兴，我就不想见她。"

随后，毛泽东明显地开始躲避江青。毛泽东到外地，不论住在哪个省市，只要听说江青要到了，马上就走，他不愿见江青。记得1959年在广州，听说江青要来，毛泽东马上吩咐大家出发，说："她这个人来了就扫兴，我们还是走为上。"

在中南海内，毛泽东还保持着战争年代的朴素作风，江青却更加追求吃喝享受了，一不满意便训斥身边的工作人员。有一个关于"土包子"的故事，比较典型，足见毛泽东对江青的反感。

有一次毛泽东连续工作几十个小时，徐涛提醒说："主席，你已经两三天没吃一顿正经饭了。"

"是吗？"毛泽东喝着茶，眨一眨眼，"嗯，有些饿的感觉了。好吧，我吃一顿饭吧。"

当时卫士长李银桥向毛泽东进言："徐医生早定好了食谱，就是没机会做。"

"我不要他的食谱，你给我搞一碗红烧肉来吧。"

"可是……"李银桥有些为难，因为毛泽东一日三餐是有食谱的。为了毛泽东的身体健康，毛泽东的保健医生徐涛和厨房的大师傅们一同制定了健康菜谱。据毛泽东的保健医生徐涛透露，毛泽东生前虽然没有为后人留下"起居注"之类的东西，但工作人员较为完整地保存了他的菜谱。"毛主席的菜谱起于1956年6月（以前阙如），止于1976年9月8日，基本上保持了连续性。"①建立食谱制度，最初是出于营养平衡、合理膳食的考虑。据卫士周福明说："主席每顿饭都有食谱。不仅从营养学考虑，还要尽可能地照顾到了毛泽东的饮食习惯和个人喜好，而且还可以避免重复。菜谱里面尽可能减少胆固醇太高的肥肉。菜谱制定后，一式两份，一份保存下来，另一份由厨师带至厨房具体执行。程汝明厨师说："每次做饭之前，我要写一份菜单上报，批准之后我再抄一份带到厨房，等饭做完了，我就得把手里的菜单解决掉。"因为中央办公厅有纪律，"如果重要领导的饮食习惯被敌对势力掌握，那么他们就可能根据这些信息预测领导人的健康变化情况，然后选择领导身体状况不佳的时候向中国发难"（《毛泽东的掌勺厨师回忆：菜单用完就销毁》）。厨师看单做饭，厨师和卫士都很把菜谱当回事。

　　然而毛泽东从来不把保健医生的什么菜谱当回事，他将大手由里向外用力一拂，低头抓起桌子上的笔说："弄好了叫我。"毛泽东那大手向外一拂的动作是毋庸置疑的，分明没有把什么食谱放在眼里。

---

　　① 顾奎琴主编：《毛泽东保健饮食生活》，广东人民出版社2003年10月版，第66页。

关于菜谱保健医生徐涛和毛泽东有过不止一次的争论。

毛泽东听了徐涛关于菜谱的一套"理论"之后说："你的话不听不行，全听信我也要完蛋！照你那么多研究，中国几亿农民就别活了。人生识字糊涂始，你懂吗？"

还有一次，徐涛又和毛泽东讲营养平衡，毛泽东听得烦了，说："我已经习惯了。凡事都讲一个平衡，我有我的平衡，你有你的平衡，你非要打乱我的平衡不可，不是搞破坏吗？"

毛泽东还常常对保健人员说："你讲我吃的没道理，实践检验真理，我身体不好吗？你的那一套也许有你的道理，但你到了我这个年纪，未必就有我这个身体。"①

保健医生都说服不了毛泽东，李银桥又能有什么办法呢？他知道，毛泽东交代的事不能不办，于是便悄悄退下，准备去伙房作交代。恰好江青从她房间里出来，手里拿着一本书在院子里踱步，顺便问道："主席要吃饭了吗？"

李银桥点头说："想吃了，他要红烧肉。"

江青当时便不高兴了，马上说："不要弄，吃什么东西不比红烧肉好？又不是没有。弄些鸡肉或者鱼都是可以的嘛，都比那个红烧肉强嘛。"这时小张接过话头说："我给主席煮了一茶缸挂面。"江青更是气恼地说："你们就是不办事！看我什么时候把你们那个电炉子和茶缸扔到外边去！"接着，她要求：

---

① 韶山毛泽东同志纪念馆编：《毛泽东生活档案》，中共党史出版社1999年版，第648页。

"你去厨房，要他们照医生定的食谱做。徐医生说了，他定一个礼拜的食谱你们连三次都不能保证。"

"主席说不要嘛，他点名要红烧肉。"

"不要啰唆了，红烧肉不要弄。什么好东西？土包子呢，改不了的农民习气。"

没办法，卫士组归江青管，李银桥只能无奈地照她说的办。

开饭了，毛泽东手里拿着一张报纸，一边看着报纸一边在椅子上坐下来。江青从桌子对面夹起一块鱼放到毛泽东碗里，这时毛泽东忽然将报纸拿开些，伸头扫视桌面："红烧肉呢？"

李银桥当时无法作声，他不能把责任推给江青，他希望江青能站出来自己说明，可江青也不作声。"为什么没搞？"毛泽东生气了，声音很大，"交代了的事情为什么不办？"

江青始终沉默，李银桥也一直默不作声。

见江青又不承担责任，受了委屈的李银桥便哭了起来，只是哭，却一言不发。

毛泽东只简单地吃了几口便放下了筷子，不搞明白怕是吃不好今天的饭。他一边走一边对站在那里的李银桥说："你跟我来。"

毛泽东随后清楚地知道了事情的经过，得知江青的话后，更是沉下了脸，用愠怒的声音断然说："不错。说对了，我就是土包子！我是农民的儿子，农民的生活习性！她是洋包子，吃不到一起就分开。今后她吃她的，我吃我的。我的事不要她管，就这样定了。"

李银桥垂下头，无言以对。江青开始是沉默，接着便跑了。而毛泽东却发脾气说："我只要求一碗红烧肉，过分了吗？"

毛泽东说话一向算数，不容更改，除非他自己改变。从那次以后，毛泽东和江青分开吃饭了，即使在一个饭桌上也是各吃各的，毛泽东从来不动一筷子江青的菜，江青仍讪讪地尝几口毛泽东的菜。

其实，毛泽东不是不知道那些更高级的鱼肉蛋白更有营养，他是不想摆谱，他知道"上有所好下必甚焉"的道理，他要从自己做起，给下面树立一个标准。①

---

① 邸延生著：《毛泽东和他的卫士长》，新华出版社 2006 年 6 月版，第 502~504 页。

★

李家骥夜半送馒头
封耀松悄然转菜盘

★

毛泽东工作起来总是忘我的，通宵达旦、废寝忘食是常事。劝毛泽东吃饭、劝毛泽东睡觉常常是当班卫士的一件难以完成的工作，而且留下了很多有趣的佳话。

那是1949年前后，李家骥刚刚担任毛泽东内勤卫士不久。接班后，上一班的卫士交代："主席一天一宿没睡，只吃了一顿，要劝主席吃点东西，早点睡觉。"

李家骥来到毛泽东办公室，见毛泽东正忙着写材料，李家骥一边掀茶杯盖给毛泽东续水，一边说："主席，时间太长了，搞点东西吃吧。"毛泽东头未抬、声未吭，好像没听到卫士的问话。李家骥又问了一次，毛泽东仍然没有反应。

李家骥不敢再打扰了，刚要离开，见毛泽东眼睛盯着写字的稿纸，却抬起胳膊，用铅笔在右上方比画了一下。其实毛泽东在空中画了一个圈圈，那是要吃馒头片。李家骥没理解，以为他的胳膊累了活动一下，没往别处想，又回到值班室。

不到20分钟，毛泽东呼叫卫士的铃声突然响了起来，李家骥非常高兴，连跑带颠儿地来到毛泽东办公室，问："主席是不是搞饭吃？"毛泽东被问得愣住了，有点奇怪地说："我不是让你拿馒头片，怎么没搞来呀？"

李家骥愣了，但是马上反应过来了：主席要吃东西了。马上机灵地说："好，立刻拿来。"毛泽东也许还想说什么，此时李家骥已经跑出了门外。

不到两分钟，李家骥把毛泽东要的馒头片以及平常爱吃的辣椒、腐乳等小菜端上来了。

还没等李家骥走过去，毛泽东便伸过手去抓馒头片，口里还说："快给我吃，不得了啦。"

看到毛泽东饿成这个样子，李家骥心里挺不是滋味的，双眼含着泪水，赶紧给毛泽东倒了一杯热水。毛泽东头也不抬，边吃边说："好香。"毛泽东这么一说，李家骥更不好意思了，带着检讨的口吻说："主席，我没做好工作，让您挨饿了。"毛泽东不介意地说："不能这么说，我的工作没搞完不能吃饭。因为这项工作关系到前方战场。时间就是生命，我早一分决策，就可能少一些牺牲，拖延一分钟就可能造成大灾难。"

毛泽东匆匆地吃了几片馒头，稍稍休息了一会儿，又投入了紧张的工作之中。①

还有一次，是封耀松当班。封耀松借着给毛泽东暖水袋换水的机会提醒毛泽东："主席，你该吃饭了。"

毛泽东正在批写着什么，头也不抬地说："怎么又吃饭了？"

封耀松说："你已经快十个小时没吃东西了。"

毛泽东集中精力做事的时候常常忘记时间，忘记饥饿。"有这么长时间了？"毛泽东把最后几个字写完，抬头望望封耀松，又望望窗外，想了想说："嗯，那就搞点饭吧。"

毛泽东多数时间是一个人吃饭，或在书房，或在卧室。由卫士用食盒提来，两菜一汤，一碗二米饭（大米小米蒸在一起），两碟小菜，一般是辣椒和霉豆腐。除非有客，毛泽东吃饭从来都是手不释卷。那一天，他斜坐在木椅上，两眼盯着报纸。大概是看到一篇好文章，那天的吃饭便格外有特色：两眼有神，神色随着报纸内容起伏变化。嘴巴无滋无味，单调地重复着咀嚼动作。右手像一只机械手，在菜盘和嘴之间运动，筷子始终落在一个盘子的固定位置上。结果，一盘炒空心菜只夹走少半边，筷子便夹不着菜了。

封耀松一直站在身边，见状悄悄转动了菜盘，让主席的筷子落在有菜的位置，又及时将荤素两盘菜调换了位置。

毛泽东嚼了几口，突然一怔，"嗯？"目光随着转向饭桌，露出警惕之色，似乎在说："味道不对呀！"他想吐掉嘴里的

---

① 吴连登主编：《毛泽东饮食趣谈》，中央文献出版社2012年4月版，第40~41页。

菜。封耀松忙说："是我把两盘菜掉了个个儿。"

"嗯。"毛泽东松口气，咽下嘴里的菜，"我说不对劲嘛。刚才还咯吱咯吱的，一下子变那么绵软呢……"他的目光又转向报纸。

"主席，吃饭的时候不要看了，影响消化。"封耀松这点知识还是保健医生教的。毛泽东倒听劝，放下报纸端起碗，三扒两扒将饭送入口中，便撂下筷子，拿着报纸朝办公桌走去。

封耀松一把拉住毛泽东的袖子："主席，请你跟我出去走走。"

毛泽东盯住封耀松，用鼻音长长嗯了一声："新官上任三把火啊！"封耀松随毛泽东走到院子里。毛泽东一边散步，一边做深呼吸，一呼一吸带着长长的声响，有时胸腔里也要哼出一道龙吟似的嘶嘶音，他感觉这样舒服极了……①

李家骥夜半送馒头　封耀松悄然转菜盘

---

① 吴连登主编：《毛泽东饮食趣谈》，中央文献出版社2012年4月版，第43~44页。

★

山珍海味从不动
粗茶淡饭总相宜

★

　　有一天夜里，早已过了吃饭时间，卫士们几次劝毛泽东吃饭，他却只顾批阅堆在桌子上的那些文件，总是说"等一下""再等一下"，一直到下半夜两点多钟，毛泽东也没吃这顿饭。值班卫士等得着急，忽然听到毛泽东叫他，就急忙走进办公室，见毛泽东仍然在那里低头批阅文件，也不去理会进来的卫士。卫士轻声问："主席，叫我有什么事？"他仍然没有抬头，只是说了声："噢噢，等一下，我再叫你。"

　　过了一个多小时，毛泽东又叫卫士。卫士进屋来，毛泽东一面聚精会神地看文件，一面打着手势说："搞块那个……那个……东西来。"

　　毛泽东的心思已经完全沉浸在手中的文件之中，想吃东西，却匆忙之中没有想起来那个东西的名字。他抬起头来，微笑着看了卫士一眼，又继续看文件了。卫士整天在毛泽东身边，很多问题彼此已经达成默契，他知道毛泽东说的"那个东西"是什么，立即回答："好，就拿来。"说完，赶紧跑到厨房让大师傅烤了两片面包，送到毛泽东面前。

"对，就是要这个东西。"毛泽东看了一下，笑着说。

卫士说："主席，快吃吧，不然就凉了。"

毛泽东点了点头，并没有把文件放下，好像还在思考着什么。没多大一会儿，他又把卫士叫进来说："你再去烤两块，炒两个青菜，搞两个小菜，你陪我一起吃。"

不一会儿的工夫，饭菜端了上来，毛泽东这才站起身来活动了一下，笑着说："哎呀，可是饿得要死了，快吃饭。"

毛泽东就是这样忘我地工作，吃饭却非常随意，弄两片面包也行，烤两块芋头也能应付一顿，对吃没有特殊的要求。他有自己的一套理论："我想吃什么，就是我的身体里缺什么，吃下去才能吸收得好，你们谁也不要限制我。"有人建议他吃高营养、高蛋白的东西。他说："你们说的那些山珍海味，我不喜欢吃，我不想吃的东西你们就不要勉强我，我吃了不舒服，就说明吸收不了……"①

有一回厨师杨纯清为毛泽东做了一碗"芙蓉鸡片"，毛泽东一筷子都没动。毛泽东问清楚这道菜的名称后，对杨纯清

山珍海味从不动　粗茶淡饭总相宜

---

① 吴连登主编：《毛泽东饮食趣谈》，中央文献出版社2012年4月版，第15~16页。

说："听这名字我就不爱吃，现在不吃这东西，将来条件好了，我还是吃红烧肉过瘾！"①

毛泽东对高级东西有自己的见解。他说："有些所谓高级的东西，我可并不认为有何特殊之处，只不过物以稀为贵罢了。还有一些人有一种特殊的心理，比如皇帝皇后吃过的什么东西，某某名人常吃的东西，他们就认为十分名贵起来，甚至名贵到高不可攀，神乎其神。所以，那些有了权、有了钱的人是绝对不肯放过它的，仿佛吃了皇帝吃过的东西自己便成了皇帝，吃了名人吃过的东西自己也成了名人。这叫作沾光，这些东西便叫作很稀罕的高级补品。"②

毛泽东说："本人生来不高贵，故高贵之物不敢问津。"他一贯认为"人吃五谷杂粮和粗茶淡饭，能通便畅气。我们还是不要把自己养娇贵了"③。

有一个"七两燕窝"的故事，我们可以见识见识毛泽东对高级补品的"厌恶"。

大约在1964年前后，印度尼西亚掀起了迫害我国侨胞的浪潮，我国政府义不容辞地出面保护侨胞。有侨胞为了表达感激之情，送给毛泽东重达三十一点五公斤的燕窝。燕窝之珍贵人所共知，且不说今日每五百克就达万元以上，就是在当时一

---

① 吴连登主编：《毛泽东饮食趣谈》，中央文献出版社2012年4月版，第23页。

② 顾桂琴主编：《毛泽东保健饮食生活》，广东人民出版社2003年10月版，第191页。

③ 顾桂琴主编：《毛泽东保健饮食生活》，广东人民出版社2003年10月版，第200页。

斤也得四五百元，相当于毛泽东一个月的工资。

工作人员看到毛主席日夜操劳，需要补养身体，就对主席说："主席，这些礼品都是送给您的，吃了用了都是应该的。"对此，毛泽东耐心解释："这个问题不是那么简单。党有纪律，这些礼物不是送给我个人的，是送给中国人民的。如果说，你在我这个位置上，人家也会送给你的。"毛泽东这样严格要求自己："中国不缺我毛泽东一个人吃的花的。可是，我要是生活上不检点，随随便便吃了拿了，那些部长们、省长们、市长们、县长们都可以吃了拿了。那这个国家还怎么治理呢？"

毛泽东毫不犹豫地指示："把它们全部送到人民大会堂招待外国人。"工作人员委婉地说："主席，是不是家里留点？"毛泽东摆摆手，打断道："不用留，一点都不用留，全部送走。"于是，这三十一点五公斤燕窝一克不少地送到了人民大会堂。

斗转星移，日月如梭。十多年之后的1975年，年迈的毛泽东已经行动不便，咳嗽哮喘，外加心力渐渐衰竭，身体日渐衰弱。工作人员商量要给毛泽东增加营养，最好能弄点燕窝炖汤。他们找到人民大会堂党委，这才发现当年的燕窝尚有七两。经批准，打了收条将这七两燕窝拿回中南海。厨师每次瞒着毛泽东在汤里加一点，直到毛泽东离世，他也不知道自己终于享用了那三十一点五公斤燕窝中的七两！[1]

---

① 史全伟编著：《毛泽东与艰苦奋斗》，中央文献出版社2004年9月版，第280页。

山珍海味从不动　粗茶淡饭总相宜

　　毛泽东一生坚持这样处置礼品：凡属贵重礼品一律归公，专门陈列起来。对于没法保存的土特产，是水果，就送给幼儿园；是几包茶叶，送给身边工作人员。从来没听毛泽东将水果、茶叶送给江青，或送给自己的孩子们！甚至，逢到土特产品量大时，他就让工作人员到中南海食堂去卖掉，然后附上一封说明。

　　毛泽东不喜欢贵的东西，而且吃饭的时候也从来不挑剔，饭桌上的举止言谈让身边的工作人员感觉非常舒服。

　　毛泽东住韶山滴水洞的时候，一天做饭的师傅不小心，没看到白菜叶上面有一条小虫。毛泽东在吃饭时看到了，服务人员心里非常紧张，毛泽东却若无其事地说："菜上有小虫子不要怕，那说明它没有毒。"他一边说一边用筷子把小虫子拿掉，然后说："这不就没有了嘛！"①

　　毛泽东爱吃肘子，但是保健医生建议说不要吃那么多，因此，一般来说，一周给毛泽东吃一次。当然一个肘子，毛泽东一次并不能吃完，他总是说给我留着。不光是肘子，别的菜剩得多了，他都告诉我们，这个给我留着，下次再给我拿来。可是医生不让他多吃，再就是苏联医疗专家绝对不准给毛泽东吃剩东西。那可怎么办呢？于是大家就想了一个办法。到毛泽东吃饭的时候，如果他忘了昨天的剩饭剩菜，大家就谁也不提这件事，让它不了了之。如果他问起来呢，卫士就说自己吃了。

---

　　① 吴连登主编：《毛泽东饮食趣谈》，中央文献出版社2012年4月版，第21页。

他一听说是卫士吃了，他就不说话了，也不吭声了。[①]

其实，在毛泽东身边工作是有很多规矩的，大家虽然不让毛泽东吃剩饭剩菜，但是卫士也不许吃这些剩菜剩饭，扔掉了又太可惜，怎么办呢？后来就养了一条狗，狗养大了还可以吃狗肉，一举两得。

毛泽东坚决反对浪费，尤其不能浪费粮食。有一次，吴连登给毛泽东送饭，他端饭吃的时候，几个米粒掉到桌子上，他马上用筷子捡起来吃了，他使用筷子的灵巧动作常常让身边的工作人员目瞪口呆。吴连登当时就多了一句嘴，说："主席，掉桌子上，不卫生了。"毛泽东当时很严肃地跟他说："不要小看这一粒米，这是对农民的感情。农民苦，不容易，我们就是要提倡勤俭节约、艰苦朴素的精神。"

山珍海味从不动　粗茶淡饭总相宜

---

① 吴连登主编：《毛泽东饮食趣谈》，中央文献出版社2012年4月版，第22页。

西柏坡米高扬饮酒
莫斯科毛泽东吃鱼

1950年 1月20日，按照毛泽东的安排，周恩来偕同李富春、叶季壮、伍修权、吕东、张化东和欧阳钦等人到达莫斯科。

当晚，王稼祥以驻苏联大使的名义，在莫斯科西南郊的孔策沃别墅设宴为周恩来等人接风，同时邀请了苏联方面的罗申和费德林。

到孔策沃别墅和斯大林一起进餐的，多是克里姆林宫的大人物。斯大林会拿出自己最喜欢的菜肴招待客人，总会热情地招呼来客先吃，看客人吃下后没什么奇怪反应，才放心地品尝食物。孔策沃别墅有专门的试毒员，每道菜端上桌前都经过试毒员的检查，斯大林不仅对厨师保持警觉，对试毒人员也同样警觉。在斯大林看来，那些对自己不怀好意的人，可能藏在任何地方。

孔策沃别墅的晚餐会，与其说是方便官员们联络感情，不如说是方便斯大林来试探官员。所以和斯大林吃饭，必须要有舍生忘死的觉悟，斯大林喜欢看身边的人醉到不省人事、丑态百出，喜欢他们不由自主地吐露真言。很多时候，孔策沃别墅的晚餐结束时，天边已经露出曙光。

王稼祥能够获准在这里举办宴会，也表明了斯大林对新中国的姿态，对毛泽东一行的姿态。宴席进行中，中国代表团先期到达的人纷纷向周恩来敬酒，周恩来十分感谢地一一回敬在座的每一个人，同时向罗申和费德林敬酒，感谢他们多天以来对中国代表团的帮助。

这时，苏联女服务员端上来一条红烧鱼。毛泽东见了，仿佛想起了什么似的，突然问费德林："是活鱼吗?"

费德林说："现在天冷，是冻鱼。"

"端回去!"毛泽东放下手中的叉子说，"我不吃死鱼呢!"

费德林大吃一惊，想不到毛泽东会因为一条死鱼而在餐桌上罢宴，费德林立刻起身去通知苏方人员："马上派人去捉活鱼来!"

一名苏军上校匆匆带人离去……

毛泽东和周恩来、叶子龙会心地相视而笑。

活鱼还没有捉回来，宴会在尴尬中进行，费德林没话找话，几次请毛泽东用餐，毛泽东却顾左右而言他，直到又上来一盘红烧鱼。

毛泽东与米高扬亲切握手

毛泽东仍然用怀疑的口吻问："是活鱼吗？"

厨师战战兢兢地证实："是活鱼，保证是活鱼，我亲自做的！"毛泽东这才拿起筷子，费德林悬着的一颗心才重新放回到胸口。①

其实，在国内毛泽东吃鱼并不这么讲究，死鱼剩鱼都吃。这次在苏联人面前他却非要吃活鱼，不过是以其人之道还治其人之身而已，这里面有一段故事。

那是1949年1月31日，受苏联共产党中央总书记和苏联红军最高统帅斯大林的委托，苏共中央政治局委员、苏联部长会议副主席米高扬到西柏坡秘密访问，听取中共中央和毛泽东关于中国革命进一步发展的有关意见。

---

① 邸延生著：《毛泽东两访莫斯科》，新华出版社2006年12月版，第157页。

早在1948年4月，从陕北刚到华北的时候，毛泽东就准备到苏联去和斯大林就中国革命的有关问题交换意见。可是到了5月斯大林致电毛泽东，准备派一位有威望的苏共中央政治局委员前来中国，听取我方意见，毛泽东这才取消了苏联之行的计划。

米高扬向毛泽东解释："斯大林非常关心中国革命形势的发展，经过研究，认为中国解放战争正处在关键的时刻，毛泽东不能离开作战岗位。同时，在中国境内路程遥远，交通不便，还要通过敌人的封锁线，也考虑到安全的问题，从中国境内到苏联往返的时间太长，这不仅对中国革命形势的发展不利，也怕影响毛泽东同志的身体健康。因此，斯大林不主张毛泽东到苏联去，决定派我们来，听取毛泽东同志及中共中央的意见。"其实，斯大林的想法还是很有道理的。

毛泽东说："很好，我们很想同苏联同志谈谈，使你们更好地了解我们的情况，同时也想听听你们的意见，这样一定会有好处。"

为了表达对苏联代表的热情和欢迎，从1月31日到2月6日，中共中央五大书记前后宴请米高扬一行三次。

第一次是刚到那一天，双方会谈快结束时，周恩来对米高扬说："米高扬同志，你们远道而来，一定很疲劳了，肚子也可能饿了。现在就吃饭，晚上你们早点休息，明天下午再谈，怎么样？"米高扬欣然接受了周恩来的建议。

苏联人喜欢喝酒，中共方面还特意从石家庄买来了上等的汾酒和葡萄酒，有关方面也早已备好了丰盛的菜肴。

　　宾主落座之后，毛泽东首先举杯向客人们祝酒，他说："对你们的远道而来，我们表示欢迎，同时也表示感谢。"其他几位中央书记也先后举杯向米高扬等人祝酒。对中共的热情款待，米高扬表达了真诚的谢意，并连连夸赞中国的酒和菜味道不错。

　　毛泽东首先举杯向米高扬等客人敬酒："对你们远道而来表示欢迎，同时也表示感谢。"

　　刘少奇、周恩来也起身向客人敬酒。

　　人们一边吃一边叙谈，客人们都吃得很尽兴。

　　苏联人带来了许多罐头食品，还有酒，拿出来摆了一桌子，挺洋气，挺花哨。米高扬穿戴也很好，圆领皮大衣，圆筒

朱德、米高扬（中）在西柏坡

皮帽子，威风得很，与中国共产党的五大书记形成了强烈的对比。五大书记穿着没棱没角土里土气的旧棉军衣，毛泽东因未去苏联，新衣服也没做，衣袖上还赫然补了块补丁。小山村的西柏坡能有什么高级食品？无非是自己养的猪和鸡，还有滹沱河里捕来的鱼。厨师用心烹调，将鲜鱼做成了红烧鱼、溜鱼片等美味款待客人。

苏联人很能喝酒，米高扬用玻璃杯喝汾酒，就像喝凉水一样，大半杯子一口气就能灌下去。中共五大书记中，为首的毛泽东是沾酒就脸红，朱德有喉炎不能喝酒，任弼时高血压严重不能喝酒，刘少奇只能用小盅喝一点白酒，周恩来算是中国人里能喝酒的了，却哪里敢与玻璃杯子端起来咕咚咕咚灌的米高扬比呢？饭桌上的气氛是愉快的，但是，毛泽东还是有点不喜欢看苏联人在宴席上大出风头的样子，哪怕是在喝酒的问题上，毛泽东也觉得不舒服。工夫不大，他就招呼盛饭："吃饭了，吃饭了，尝尝我们滹沱河里的鱼。"

米高扬夸赞地说："谁都说中国的饭菜好吃，我们就是不会做。将来中国革命胜利了，我们要派人来学习中国的菜肴，增加西餐的花样。"

毛泽东很高兴，笑着说："我相信，一个中药，一个中国菜，这将是中国对世界的两大贡献。"

苏联翻译指着刚刚端上来的红烧鱼问："这是新捞的活鱼吗？"

得到肯定的答复后苏联人才用刀叉将鱼肉送到各自的嘴里。毛泽东的自尊心显然受到了伤害，他轻声和李银桥说了几句什么，便默不作声地自顾自吃起饭来。①

······

毛泽东在苏联吃鱼时那一问："是活鱼吗？"显然是做给苏联人看的，这不仅反映了毛泽东倔强的性格，而且体现了民族的尊严。

① 邸延生著：《毛泽东和他的卫士长》，新华出版社 2006 年 6 月版，第 244~245 页。

哈尔滨摆下盛宴
毛泽东沉默罢吃

1950年 2月24日，苏联的专用列车越过鄂毕河、叶尼塞河，掠过冰封的贝加尔湖，承载着毛泽东和周恩来等人，满载着苏联人民的友谊，于26日晚到达中国北部的边境城市满洲里。

访苏期间，毛泽东参观了苏联的十几家工厂企业，包括现代化程度比较高的飞机、汽车、机械、农机、军工等大型企业，留下了极为深刻的印象。他曾说："我们确实是个穷国，基础太弱，经验太少，所以要多看多学。"访苏回来，他要顺路考察一下我国的东北工业基地，进行比较研究，从中找出差距，制定明确的奋斗目标。

2月27日下午两点多钟，毛泽东一行乘坐的专列徐徐开进哈尔滨站，紧接着毛泽东一行乘小汽车住进了颐园街1号，这是在东北停留的第一站。当天下午，短暂的休息之后，毛泽东一行不顾疲倦，直奔哈尔滨车辆厂视察。早就听说毛主席、周总理要来，同行的还有借道回国的越南共产党领导人胡志明，松江省和哈尔滨市领导喜出望外，精心准备了丰盛的晚宴，要为他们接风洗尘，庆贺一番。

到了晚上，终于可以开宴了。一道道美味佳肴流水般搬上餐桌，有熊掌、飞龙，山珍海味，应有尽有。省、市领导兴奋地一一介绍。可是随着桌子上山珍海味的增多，毛泽东的眉头却逐渐锁紧。由于有胡志明在场，毛泽东没有说什么。他只在两三个盘子里夹了几口菜，吃了半碗米饭，就放下了筷子。

饭后，他对负责接待的市领导说："我们国家还很穷，不能浪费，不能搞大鱼大肉、山珍海味。吃米饭和蔬菜就可以嘛！"听了毛泽东的批评，当地领导才明白他在饭桌上吃得很少的原因。哈尔滨市市长当即表示，以后"一定照办"。

晚餐后，毛泽东的卧室里仍然亮着灯，毛泽东还在看文件、看报纸，在考虑国家大事。省市委的同志希望他休息，更渴望能在他身边聆听谆谆教诲。经考虑再三，他们走进了毛泽东的卧室，请毛泽东题词。毛泽东思考再三，联系到一天的所见所闻，毛泽东欣然命笔，为黑龙江省委题写了三幅字："学习""奋斗""不要沾染官僚主义作风"；为市委题词："发展生产"。就这样，一直忙到很晚。

2月28日，毛泽东一行的第二站是长春，打算与地方领导见见面，了解当地经济建设和群众生产、生活等情况，并一起吃一顿午饭。这天，毛泽东一下火车，就觉得有点异样，小汽车驶进市区的时候，偌大的城市竟然万人空巷。毛泽东发问："为什么街上一个人也看不到？"陪同的地方领导装模作样地回答："现在正吃中午饭。""老百姓行动这么一致，比军队还整齐？"毛泽东又问了一句，显然话里有话。这位领导感到事情瞒不住了，心里非常紧张，只好道出实情："为了毛主席的安全，沿途全部实行了戒严。"毛泽东十分生气，想起了前不久访苏时的一件事。

那时，新中国还没有一条地铁，苏方的安排中就有一项是参观莫斯科地铁。莫斯科地铁举世闻名，不仅规模庞大，客流量高，而且建筑华丽精美，各站风格独特，历来有"地下宫殿"的美称。当毛泽东一行进入几十米深的地铁站时，却发现站台上空空荡荡。毛泽东奇怪地问："怎么看不见群众呢？"翻译师哲从苏方陪同人员口中得知，是为安全起见戒严了。毛泽东闻此深感不安："为什么搞得这么神秘，为了我一个人搞戒严，影响多少万人工作、旅行、上下班，实在不妥。算了，我不参观了。"结果，他连地铁车辆都没上，就原道返回了。

没想到，这次回国也遇到了类似的事情。他严厉地批评了地方领导："你们在说假话。搞戒严，不让老百姓出来，这样太脱离群众了。"地方领导当即表示接受批评，下令解除戒严。很快，街上便出现了人流。看到群众生活恢复了正常秩序，毛泽东才消气。这顿午饭，毛泽东吃得很堵心，再联想到哈尔滨的大鱼大肉，一直闷闷不乐。

列车风驰电掣驶往沈阳，这是毛泽东东北之行的第三站。

在这里，他去看望了苏联专家，虚心听取有关经济建设方面的意见和建议，视察了东北地区的骨干企业沈阳市橡胶厂，同工人、干部亲切交谈。总的来说，这次过路东北，通过亲身调查，"下马看花"，他获得了许多第一手资料，对我国的工业基础有了更加深刻的认识。

然而，此行他还获得了另一种感受，就是地方上的大吃大喝、攀比吃请的风气正在滋生。刚到沈阳，他就遇上了比哈尔滨更加奢侈的招待宴席。同样因为有外宾胡志明在场，出于礼节，毛泽东同胡志明等碰了杯，喝了几口葡萄酒，吃了一点青菜，其余大部分时间都在抽闷烟。其实，他是在用这种方式罢宴。之后，他来到会议室，对地方领导的做法提出批评："同志们，我们是人民的公仆，是为人民服务的，如果你们一层一层仿效下去，这么吃起来，在人民群众中将会有什么影响？"

第二天，在中央东北局、辽宁省和沈阳市领导干部会议上，毛泽东再次批评吃喝风，他说："这次我和恩来等同志路过东北，主要想了解一下东北的工作情况，了解东北地方工业生产情况，发现浪费太大。我在哈尔滨提过不要大吃大喝，到沈阳一看比哈尔滨还厉害。"接着，他引用了李自成、刘宗敏的典故。刘宗敏是李自成麾下的一员大将，官至权将军。进京后，他贪图享受，到处搜刮钱财，大顺江山的迅速覆灭，也和他的腐败有关。毛泽东尖锐地指出："我是不学李自成的，你们要学刘宗敏，我劝你们不要学。二中全会刚开完，就忘了。我们还要继续贯彻二中全会的精神。"

"共产党决不能当李自成。"熟知中国历史的毛泽东见微知著，在不同场合说过无数次令人醍醐灌顶的警语，高瞻远瞩，语重心长。①

那是1952年11月初的一天。北京的秋天，天高云淡，金风送爽，火一般的枫叶到处涂染着层林，将古城装点得姹紫嫣红。这是一个旅游的好季节。毛泽东来到北京景山公园，一路谈笑风生。身边工作人员为毛泽东难得有这样的轻松感到高兴。但毛泽东并不是来做纯粹的游览休息，他想看一看明清两朝交替时的历史遗迹。

景山，原为元大都城内的一座土丘，名青山。明永乐十四年（1614）为建造宫殿，将拆除元代旧城和挖掘紫禁城护城河的渣土加堆其上，取名万岁山。据说皇宫曾在山下堆存煤炭，俗称煤山，景山名称是清顺治时改的，此后并陆续修建了亭台楼阁。1644年，这座小山包见证了一段历史的更替兴衰。3月19日，闯王李自成率领声势浩大的农民起义军，一举攻克北京城，推翻了明王朝。崇祯皇帝仓皇逃出紫禁城，在煤山东麓的一棵槐树（因其树干弯曲，俗称"歪脖树"）上自缢而死。可是，在巨大的胜利面前，李自成却不能自持，骄傲轻敌，文臣武将纵情享乐，丧失斗志，不久便被吴三桂引领的清军击败。同年4月29日，李自成退出北京，十几年浴血奋战的成果毁于一旦。

在景山公园，毛泽东观看了"歪脖树"，然后信步拾级而上，登临中峰。在万春亭，他凭栏南眺，对面紫禁城宫殿群一

哈尔滨摆下盛宴　毛泽东沉默罢吃

---

① 金百翰：《毛泽东痛批吃喝风》，2014年4月20日《解放日报》。

览无遗，数不尽的琉璃瓦屋顶连成一片，高低错落，宛如时起时伏的金色海洋。面对此情此景，毛泽东不由追怀历史，思绪万千：想当年，闯王李自成是何等的英雄气魄，崛起西北，纵横中原，夺取天下，逼死崇祯皇帝，然而他的大顺朝在北京只做了四十一天的梦，就灰飞烟灭了……共产党决不当李自成！

他反复向全党包括他自己敲击的警钟。1944年3月19日至22日，重庆《新华日报》连载了郭沫若的史论文章《甲申三百年祭》。文章以1644年（甲申年）李自成领导的农民起义成败转换为主题，深刻总结了历史的经验教训。当时，抗日战争已经将近七年，到了相持阶段的后期，中共中央为了迎接战略反攻到来，彻底打败日本侵略者，开始准备部署夺取大城市和交通要道。毛泽东作为伟大的战略家，其过人之处是能未雨绸缪。共产党能否经受住胜利后的考验，已是他思考中的问题。郭沫若的文章发表后，立即引起他的重视，他不仅赞同文内的分析，还搜集有关资料进行研究。当他听说陕甘宁边区参议员李健侯写过一本关于李自成事迹的小说，也找来阅读。4月29日，他在一封信中说："《永昌演义》前数年为多人所借阅；近日鄙人阅读一过，获益良多。并已抄存一部，以为将来之用。"信中还提出了一些修改建议，并说"此书如按上述新历史观点加以改造，极有教育人民的作用……"5月20日，毛泽东在中央党校第一部作关于时局问题的报告。许多人都没有料到，在这个报告中，毛泽东把郭沫若这位党外人士的文章列为党内整风学习的材料。根据毛泽东的意见，6月7日，中共中央宣传部和中央军委总政治部联合发出通知，号召党员干部认真学习《甲申三百年祭》，并强调："首先是高级领导同志，无论遇到何种有利形势与实际胜利，无论自己如何功在党国，德高望重，必须永远保持清醒与学习的态度，千万不可冲昏头脑，忘其所以，重蹈李自成的覆辙。"同年11月21日，毛泽东复信郭沫若说："你的《甲申三百年祭》，我们把它当作整风文件看待。小胜即骄傲，大胜更骄傲，一次又一次吃亏，如何避免此种毛病，实在值得注意。"全党整风中新列入的这项学习内容，是完全必要的，它使广大党员干部受到了一次深刻的教育。当时任中央党校秘书长的黄火青在几十年后回忆说：我们大家都是在看了《甲申三百年祭》后，才想到，"不光只是要胜利，胜利以后事还多着哩"！

1949年1月，辽沈、淮海、平津三大战役宣告结束，长江以北的国民党军精锐主力基本被消灭，中国革命已经胜利在望。对于中国共产党来说，一场全新的执政的考验迅即来临了。如何防止重蹈李自成的覆辙？经过长期思考，毛泽东形成了"两个务必"的完整表述。3月5日，他在中共七届二中全会的报告中指出："夺取全国胜利，这只是万里长征走完了第一步。""中国革命是伟大的，但革命以后的路程更长，工作更伟大，更艰苦。这一点现在就必须向党内讲明白，务必使同志们继续地保持谦虚、谨慎、不骄、不躁的作风，务必使同志们继续地保持艰苦奋斗的作风。"从此，"两个务必"成为中国共产党保持本色、充满活力、不断前进的强大思想武器。

开完七届二中全会，中共中央和毛泽东就准备搬家了。3月23日，他们告别了中国革命最后一个农村指挥所——西柏坡，踏上了进京的征程。在山沟里摸爬滚打了二十多年，脚上裹着井冈山、宝塔山、西柏坡泥土的共产党人，将走进宽敞的柏油马路。出发前，毛泽东只睡了四五个小时。他兴奋地对周恩来说："今天是进京的日子，不睡觉也高兴啊！""进京'赶考'去，精神不好怎么行呀？"周恩来笑着说，"我们都应当考试及格，不要退回来。"毛泽东说："退回去就失败了。我们决不当李自成，我们都希望考个好成绩。"①

---

① 王伯福主编：《毛泽东轶事大观》，山东人民出版社1997年1月版，第408~409页。

毛泽东通宵达旦
王鹤滨莫名其妙

1950年 12月24日凌晨，毛泽东的办公室里烟雾弥漫，卫士李家骥已经给他倒掉两缸烟灰了，可他还在一根接一根地吸烟，一会儿坐在沙发上，一会儿站起来在房间里来回踱步，一会儿又回到办公桌前坐下。毛泽东这样的时候并不多，李家骥知道他一定在思考非常重要的问题，或者正在做出一项重大决策，这个时候任何人都不敢打扰。李家骥只好乖乖地待在一边，等待时机。过了一会儿，李家骥见毛泽东站了起来，嘴巴动了几下，像是想吃东西的样子，就赶紧凑过去说："主席，该吃饭了。"

毛泽东看都没看他一眼，在屋子里又来回踱了几个来回，再次回到办公桌前坐下，拿起铅笔飞快地写了起来。

原来毛泽东正在给彭德怀写一份电报稿。从1950年11月25日至12月24日，入朝的中国人民志愿军进行了第二次战役，共歼敌三万六千余人，收复了三八线以北除东部沿海的襄阳以外的全部地区，迫使敌人由进攻转入防御，扭转了朝鲜战局。那段时间毛泽东的主要精力都用在了指导朝鲜战场作战上，有时一天要发出几份电令，工作十分紧张，睡眠极少。

在给彭德怀的电文中毛泽东写道："目前伪军及美军一部在卅八度至卅七度之间站住脚跟，组成防线，对于我军各个歼灭该敌，最为有利。目前伪军集中于我有利，分散则于我不利。……原定人民军第二、第五军团深入敌后分散敌人兵力的计划，值得重新考虑……"①

写完了电文，紧张的决策过程似乎结束了，毛泽东放下笔，让李家骥叫来秘书，将电文交给秘书，交代说："马上发出，等候回电。"

李家骥见秘书转身离去，趁着这个机会马上劝毛泽东吃饭："主席，利用这个间隙吃饭吧。"

"好，吃饭。"毛泽东爽快地答应了。李家骥很快就把早已准备好的饭菜端了上来，毛泽东实在是太饿了，他抄起筷子就大口大口地吃了起来。

李家骥忍不住劝道："主席，你慢点吃。"

---

① 中央文献研究室编：《建国以来毛泽东文稿》（第一册），中央文献出版社1987年11月版，第733页。

毛泽东抬起头来看了他一眼，问道："怎么还是你值班？"

李家骥说："主席，我这是又上一班了，你已经两天两宿没有睡觉了。"

毛泽东吃完饭，一抹嘴，又来到办公桌前。李家骥劝他睡一会儿再工作。他说："唉，没办法，还有事没办完。"

他一边看文件，一边问："几点钟了？"

"快8点了。"李家骥回答。

毛泽东自言自语地说："又过了一天。"

其实是又过了一夜，他把白天和黑夜弄颠倒了。李家骥刚收拾完碗筷，叶子龙来了，吩咐李家骥说："聂代总长要来，你安排一下。"

李家骥满脸的不高兴，埋怨说："主席两天两宿没睡觉了，怎么还安排事？"

"你懂什么，不安排行吗？"叶子龙不客气地说。

不一会儿，聂荣臻匆匆来了，走进了毛泽东的办公室。这时，江青从北房里走了出来，问李家骥说："主席还在办公吗？"

李家骥回答说："正在接见聂代总长，研究朝鲜作战问题。"

江青有点着急地说："你们怎么不劝呢？"

李家骥说："我们怎么劝也没有用。江青同志，我们说话不好使，还是您说说吧！"

江青停顿了一下说："你叫子龙和王医生来。"

聂荣臻走后，江青和叶子龙、王鹤滨几个人轮番做毛泽东的工作。李家骥去为毛泽东收拾烟灰缸和换茶的时候，见江青和王鹤滨正在劝毛泽东休息，毛泽东生气地说："我还有事，你们去吧。我也不想这样做，有什么办法呢？是他们逼得我这样，你们要劝就去劝他们吧！"

江青只好退一步说："我们不是不让你工作，是怕你累着，那就处理完手头的事再休息吧。"

毛泽东无可奈何地说："你们走吧，我会安排好的。"

江青和王鹤滨退出了办公室。王鹤滨回到卫士值班室，问李家骥："主席今天生谁的气？"

李家骥说："主要是太忙太着急。"

"不对，他怎么说谁逼他，让我们有本事劝他们？"

李家骥连着在毛泽东身边值班，他当然知道毛泽东说的"他们"是指谁，笑笑说："那是让你劝劝美帝国主义别侵略我们，这样主席就不用忙于考虑打仗的事了。"

王鹤滨拍了拍脑袋，猛然醒悟："哎呀！我好糊涂！"

这天上午，机要秘书来过多次，传送电文。大约在10点多钟，毛泽东处理完事情后对李家骥说："好，我睡觉吧。"

毛泽东和往常一样，来到院子里，要活动一下再睡。李家骥马上叫来了王鹤滨。毛泽东见李家骥和王鹤滨都在院子里陪着他，便微笑着说："王医生，你还陪我呢？有你安排，我一定能睡个好觉。"

王鹤滨说："主席，您太累了。"

毛泽东会意地笑笑，说："世界头号帝国主义打到我们家门口了，我能睡好觉吗？"

王鹤滨说："主席您说得对，工作已经处理完，该睡了吧。"

"好，睡觉去!"

毛泽东一扬手向卧室走去，又一个三天两宿的连续工作终于结束了。①

① 黄允升主编：《开国领袖毛泽东逸事》，中央文献出版社1999年12月版，第86~90页。

毛泽东通宵达旦　王鹤滨莫名其妙

王振海野外挖苦菜
毛泽东桌上忆当年

1950年

初春，毛泽东到北京郊区视察，警卫王振海挖了不少苦菜，毛泽东对王振海手里的苦菜产生了兴趣，亲切地问王振海："你手里拿的是什么啊？"

"是苦菜。"王振海回答。

"你吃过吗？"

"我小时候吃过。"

毛泽东点点头："弄点给我吃好吗？"

"这些都可以给你！"王振海回答。

"这么多我一个人吃不了，你带回去大伙都尝尝。"

回城后，大家把一堆新鲜的苦菜洗净，装了两大盘子。这天正好是星期天，李敏、李讷，还有叶子龙的两个女儿燕燕和二娃都在。晚饭开始了，毛泽东开始了和孩子们的非正式沟通。他指着桌子上的苦菜对孩子们说："你们能不能吃苦？"

孩子们没明白毛泽东的突然提问。李讷未加考虑就爽快地说："爸爸，在延安、西柏坡苦不苦，我都过来了，我不怕苦！"

"在莫斯科我们有时候连饭都吃不上……"李敏接着说起了在苏联卫国战争时的艰苦生活。

还没等李敏说完，二娃插话说："毛伯伯，我不怕吃苦。"燕燕听了大家的回答，似乎有点明白了，对毛泽东说："毛伯伯你今天是不是在考我们啊？"

毛泽东被燕燕的话逗笑了："说考也行，不说考也行。来吧，我们先吃这个菜。"

说着，毛泽东夹起苦菜就往嘴里送，边吃边说："哎呀，多好吃的菜，好吃得很啊！"

孩子们看毛泽东吃了盘子里的菜，也都跟着吃起来。没吃几口几个孩子就大声嚷嚷起来。李讷大声说："爸爸，好苦啊！"其他孩子也说："真苦！"

毛泽东被她们一个个滑稽的样子逗笑了："我问你们怕不怕苦，你们说不怕苦，叫你们吃又说苦。"

"爸爸，你真坏，嘲弄我们。"

李讷撒娇地指责她的"小爸爸"。

毛泽东被他的大娃娃批评了，也不生气，仍笑容可掬地和她们有滋有味地聊着："爸爸怎么能嘲弄自己的大娃娃呢！你们太小了，解放前农民在三座大山压榨下，有的就是靠苦菜维持生命的。老百姓嫌苦能行吗？现在我们条件好一些，常吃点苦菜、苦瓜有好处，它可以使我们不忘记过去，不忘记人民群众，还可以起到调节胃口的作用。你们医生叔叔就建议我吃点苦瓜苦菜，用这种办法调胃。"说着，毛泽东又夹了一筷子苦菜送到嘴里。

孩子们好像听他在讲故事，忘记了吃菜。毛泽东一边嚼一边指着盘子里的苦菜说："快吃，别忘了吃菜。"

"爸爸，苦菜还有刺呢。"李敏好像发现什么似的。

"对啊，苦菜比苦瓜贡献大。"

接着，毛泽东又深入浅出地讲起来："大革命失败后，我们在极其艰苦的条件下从事武装斗争。在长征的时候，有时连苦菜都吃不上，只好吃草根、树皮和皮带。在陕北，国民党封锁我们，我们就开展大生产运动，顽强地活下来，还坚持抗战。我们就是靠这种不怕苦不怕死的精神战胜国民党反动派，建立新中国的，我们还要靠这种精神建设一个新中国。"

毛泽东绘声绘色地将吃苦菜同以往的革命斗争联系起来，几个孩子觉得有趣，大家不再嫌苦，好强地大口大口吃起了苦菜。毛泽东看几个孩子大口大口地吃起苦菜，心里非常高兴："好，我们多吃一点。"

孩子们吃得很有滋味，不像是吃苦菜，倒像是在吃甜菜，大家吃得很香。毛泽东拿起一个盘子，风趣地说："来，我们也来个三光政策。"

说着把盘子里的一点菜汤倒进饭碗里，几个孩子也有模有样地学着，把汤倒进了饭碗里。①

其实毛泽东吃苦菜吃野菜的故事还有很多。

在保安的时候，有一次几个警卫员陪着毛泽东到城外散步，毛泽东一边走一边和身边的几个警卫人员交谈。突然毛泽东走到一簇苦菜跟前，他高兴地说："你们快来看，这叫冬苋菜，我在长征路上吃过，可好吃啦！"说着就薅了一把拿在手中，对警卫员说："这种菜营养丰富，夏天吃了可以清火解热，对人的健康有好处。你们以后要出来挖一些回去，做给我吃。"

贺清华看着毛泽东手中的冬苋菜，原来就是一株起了苔的苦菜。说道："主席，这种野菜我们叫它苦菜，也有人叫它苦梅，在我们陕北可多了。一遇到荒年，穷苦人就靠它来活命，穷人又叫它'救命菜'。"

从此以后，贺清华和白海山经常出去挖苦菜，因为他们从小就是吃苦菜长大的，挖苦菜很内行，每次出去都大有斩获。做别的菜贺清华的确一窍不通，但是做苦菜却是他的拿手好戏。他把苦菜用开水烫熟，再用凉水泡上一天，这样就没有苦味了。将泡好的苦菜或清炒或凉拌，毛泽东都很爱吃。②

在万寿路新六所大院内，男护士朱宝贵发现了几株苦菜，弯腰把它们拔了起来。生长在农村劳动人民家庭的子弟对苦菜

① 李琦编著：《毛泽东与联系群众》，中央文献出版社2004年9月版，第138~139页。

② 王伯福主编：《毛泽东轶事大观》，山东人民出版社1997年1月版，第337页。

王振海野外挖苦菜　毛泽东桌上忆当年

都是非常熟悉而亲切的，谁个贫家农民的儿女没有吃过它呢！

毛泽东正在院中散步，看到朱宝贵正在挖野菜，于是走到他的面前，略低着头，对着比他矮一头的朱宝贵，像老师考学生一样问道：你手里拿的是什么呀？"是苦菜。"朱宝贵回答。"你吃过吗？"毛泽东又亲切地问。"吃过。"朱宝贵肯定地回答。

毛泽东听后，微笑地点点头，接着他又说："好！弄些来给我吃。"一听说毛主席爱吃苦菜，朱宝贵在院子里挖起了苦菜。当天中午，在毛泽东的餐桌上多了一碟菜——苦菜，毛泽东把它吃光了，并提出，下顿饭再弄点来吃。[①]

每次吃苦菜毛泽东都非常高兴："生活费没有提高，可生活改善了，一个菜变成两个菜了。"说着就大口地吃起菜来，一边吃一边还吟诵起《诗经》里面关于挖野菜的诗句："采采卷耳，不盈顷筐。陟坡南山，我行其野，言采其遂……"[②]

毛泽东不仅爱吃苦菜，还吃过树叶。

那是三年自然灾害时期，毛泽东得知不少百姓在吃树叶、树根，心里非常不是滋味。为了体验人民群众的疾苦，和全国人民一起渡过难关，毛泽东通知食堂也要吃树叶。这的确有点难为厨房的厨师了，什么树叶能吃，什么树叶不能吃？吃树叶影响了毛泽东的身体健康谁负责？不按毛泽东说的去做怎么

---

① 吴连登主编：《毛泽东饮食趣谈》，中央文献出版社2012年4月版，第92~93页。

② 白黎：《毛泽东在宝安的故事》，解放军出版社1984年11月版，第48~50页。

过关？

无奈，王近仁从院子里采回来一些榆树叶，用绞肉机将叶子粉碎，放在水盆里浸泡，然后捞出来把水挤干和玉米面掺在一起，蒸花卷、烤饼干，当主食吃。厨师的发明得到了毛泽东的赞许，并欣然为它取了一个很科学的名字"叶蛋白"。[①]

毛泽东还吃过菊花瓣。

1949年的一个晚上，王鹤滨陪毛泽东吃饭。王鹤滨走进餐厅一看，餐桌中间放着一个火锅，火锅旁边的蔬菜当中竟然有一盘子白菊花瓣，格外引人注目。王鹤滨心里直合计，这菊花瓣也能吃吗？

其实吃菊花由来已久，起源于春秋战国时代。有文字记载以来，屈原要算得上吃菊花的鼻祖了。他的《离骚》中就有这样的句子："朝饮木兰之坠露兮，夕餐秋菊之落英。"

王鹤滨正琢磨着，毛泽东走了进来，看到王鹤滨用怀疑的目光盯着盘子里的菊花瓣，不无幽默地说："王医生，吃吃看，我们不赏花了，来吃花吧！"

王鹤滨抱着试一试的态度夹起一筷子，在翻滚的火锅汤里一蘸，花瓣立刻就软了下来，吃在口中清嫩可口，感觉很好。

"王医生，怎么样，还可以吧！咱们的老祖宗很早以前就知道吃菊花了。"毛泽东说罢，也夹起一筷子伸向了火锅，在滚烫的水里煮了一下，放在嘴里仔细地品味着。

---

① 吴连登主编：《毛泽东饮食趣谈》，中央文献出版社2012年4月版，第109页。

毛泽东兴致很高，"你知道屈原吧，他就是'朝饮木兰之坠露兮，夕餐秋菊之落英'。看来那时吃菊花大概算清贫之举了，咱们也来个清贫之举吧！也来个'夕餐秋菊之落英'，不过这菊花瓣是工人同志从栽培的菊花上特意采下来的。"

毛泽东又夹起一筷子伸向火锅……①

---

① 顾奎琴主编：《毛泽东保健饮食生活》，广东人民出版社2003年10月版，第225~226页。

王振海专买高档菜
毛泽东罢吃玉米笋

1950年年初，毛泽东从苏联访问归来以后，汪东兴和卫士武象廷进行了一次严肃的谈话。他说，毛主席离开莫斯科时，斯大林和莫洛托夫再三嘱咐他，一方面要保重身体，注重生活；另一方面要特别注重特务分子的暗害。[①]因此，组织上决定指派专人负责毛泽东的生活问题。就这样，武象廷从警卫班调整为专门负责管理毛泽东饮食生活的管理员，他的主要任务就是负责给毛泽东采购食品和蔬菜。随后陆续在毛家当生活管理员的还有安克兴、张国兴（1955—

---

① 李家骥、杨庆旺编著：《毛泽东的卫士们》（上），中央文献出版社1998年11月版，第355页。

毛泽东

1962年）、顾作良（时间不详，见《在毛泽东身边》，第183页）、吴连登（1968—1976年）等人。

武象廷担任毛泽东的生活管理员后，发现毛泽东对子女的要求特别严格，决不允许他们占公家一点便宜。毛泽东的两个女儿李敏和李讷，在育英小学上学，每星期她们都要回来过周末，到了这一天，学校就把学生的伙食费退给学生本人。李敏和李讷对于带回来的伙食费，从来不自己花掉，而是如数交给毛泽东，毛泽东再把钱让卫士转交给武象廷。于是，这些钱就作为李敏和李讷星期日回到家中的伙食费，最后就记在管理科的账上。

武象廷担任毛泽东的生活管理员没几天，一次他正在新六所干活，毛泽东来到小灶厨房里，看见武象廷正在厨房里忙碌，便走过来问他："武象廷，你在这里干什么？"武象廷回答："给小灶厨房买菜哩。"毛泽东再问："你改行了，好啊，我告诉你，只要你们饭菜做得干净卫生就可以了，不必买一些贵重的东西给我吃。比方说，现在是冬天，你就别买那些西红柿、黄瓜之类的新鲜蔬菜，现在买一条黄瓜的钱，到了夏天就能买一筐黄瓜，冬天买一条黄瓜只能吃一顿，夏天买一筐黄瓜能吃几十顿。"这是武象廷刚担任毛泽东生活管理员后，毛泽东为他上的第一堂生活管理课。

伏天到了，武象廷回警卫班去办点事情，请了几天假，临时让王振海替他给毛泽东买菜。王振海头一次上街给毛泽东买菜，想着给毛泽东买点好吃的，所以尽挑新鲜的有营养价值的买，他不知道毛泽东对武象廷的嘱咐。结果，他买回来一些嫩玉米芯，也就是那刚刚开过花，还没有结粒的小玉米笋。王振海满以为这下给毛泽东买回来好吃的了。炊事员刘景峰做好后，端去给毛泽东吃。

毛泽东一看这玩意儿，便皱起了眉头，这时他仿佛想起了自己的父母在农田里辛勤耕种玉米时的劳苦。任刘景峰怎么讲，他就是坚决不吃这东西。毛泽东很是不爽，他说："炒这一盘菜需要多少棵玉米？要是这些玉米长熟了能打多少粮食？叫我吃这样的菜，这不是破坏生产吗？把这个菜端回去，谁买的就叫谁去吃。"

但是毛泽东并不是绝对不吃这些东西，这要看什么具体情况。

又有一次，管理员张国兴在大地里看到掰玉米剩下的玉米秆上还长着一些不成熟的小玉米，剥去皮，还有一节小玉米笋。张国兴想，这东西拿回去交给李师傅炒菜也许能行。于是张国兴就掰一些带了回去。李师傅把这些玉米笋烹调成一盘美味香甜的"肉片玉米笋"，毛泽东不仅吃了，而且吃得很香。

同样是玉米笋，张国兴提供的毛泽东却吃得很香，王振海买回来的毛泽东却一口没动。原因很简单，张国兴是从农民丢弃的玉米秆上掰的，那是节约。而毛泽东认为，王振海从市场买回来的那是破坏生产。[①]

---

① 吴连登主编：《毛泽东饮食趣谈》，中央文献出版社2012年4月版，第24~25页。

毛泽东爱吃粗大米
王鹤滨走进玉泉山

1951年秋的某一天，正是新稻进仓的时节，王鹤滨陪毛泽东进餐。毛泽东端起一碗洁白的米饭，用筷子头指了指碗中的白米饭：

"王医生，不要老是给我吃细米饭呀！搞点粗米来做饭吃嘛！"说罢，用眼光瞄着王鹤滨，观察他的反应。王鹤滨没有立即回话。毛泽东又说："从你们医生的观点来说，粗大米不是更富有营养吗？是吧？"毛泽东的视线仍未离开王鹤滨，期待着王鹤滨说些什么。

显然，王鹤滨还没弄清毛泽东问话的用意，他是不愿意吃太细的米？或者，是为了营养问题，为了节省粮食？

望着毛泽东期待的目光，王鹤滨未加深思便从医学的营养角度回答说:"是的,主席,粗大米维生素含量丰富。"

其实吃粗大米还有个好处,因为粗大米含有大量的内皮,纤维含量丰富,促进胃肠蠕动,有利于通便,对长时间坐在那里从事脑力劳动的毛泽东大有好处。因为是在用餐时刻,王鹤滨没有把这层意思说出来。

毛泽东听了王鹤滨的回答,便用毋庸置疑的口吻说:"那好嘛!你就去搞些粗米来吃嘛!"弦外之音仿佛是说,你这个医生,怎么搞的嘛,既然认为吃粗大米好处多,为什么不早点搞来给我吃呢?

毛泽东既然这样说了,王鹤滨马上行动。机关里是没有粗大米的,城里的粮食供应点也不供应粗大米,上哪儿去寻找呢?王鹤滨突然想起来了,玉泉山一带有不少稻田。随毛泽东去香山双清别墅时,曾看到秋风吹起的金黄色稻浪,并听说京西的稻米还小有名气呢,好吃,可与天津的小站稻米媲美。王鹤滨决定到京西的玉泉山下去碰碰运气。

来到玉泉山附近的一个小村庄,王鹤滨便挨门挨户地寻找起来,终于在一个农户家看到了一点希望。农户家的大门虚掩着,王鹤滨轻轻推开大门,站在不大的院子里,向着北房用不大的声音喊道:"老乡!请问,你家有粗米吗?"

刚刚解放,王鹤滨还像战争时期在农村向农民借东西一样,喊着"老乡"。这种亲切的称呼把男主人从北房里请了出来。主人穿着黑色的秋装,短夹上衣,长筒裤,连鞋和布腰带都是黑的。这四十来岁的男人见到王鹤滨,面带笑容地问道:

"要什么样的粗大米呀！你怎么没去粮店看看？"男主人很客气地与王鹤滨搭上了话。

"粮店没有，我要碾得很粗的大米，只要刚刚退下稻谷外壳的那种。"王鹤滨向男主人说明了大米的规格。

"你真找得巧，我家还真的碾了点粗大米。"男主人微笑着对王鹤滨说。

听到他的回答，王鹤滨眼前一亮，喜出望外，粗大米终于找到了！

王鹤滨说："卖给我一些行吗？要不，我用细大米换你的粗大米也行。"

男主人见来人买粗大米的心情如此急切，也面带微笑地对王鹤滨说："这粗大米是我们留着自己吃的，你要买这粗大米干什么？你们吃得下吗？"男主人大概看出了王鹤滨机关干部的模样，便开玩笑似的"将"了他一军。

"你们家吃得下，我们也能吃得下，咱们不都一样吗？"王鹤滨拉着近乎，心里却想：老乡呀！你不知道这粗大米买回去给谁吃呢！

"请你拿点你们家的粗大米来我看看，好吗？"

男主人回到北屋，很快用双手捧来一点粗大米伸到王鹤滨的眼前。

"就是这样的粗大米，行吗？！"男主人笑眯眯地问。王鹤滨把头凑过去细看了看，只见大米粒很大，个个完整，没有碎米，甚至连缺尖少角的米粒都没有，个个米粒带着胚芽，还粘着内皮和细糠末。王鹤滨心里说：这米加工得真够巧的，不能再粗了，马上连声说："行！行！太好了！"

协商的结果，按细大米的市场价格购买他的粗大米。老乡很高兴，卖给王鹤滨整整一袋粗米。

粗大米买来后，王鹤滨向毛泽东报告："主席，粗大米买到了，是玉泉山附近产的。"

"那很好！今天就给我做来吃！"毛泽东很高兴，他急不可耐地想要尽快吃上粗大米做成的米饭。

王鹤滨把粗大米扛到厨房，交给了厨师老廖，并告诉他立即给毛泽东用这粗米做饭。

饭蒸好了，廖师傅没让值班卫士立即端走，却把王鹤滨叫到了厨房。老廖用浓重的湖南口音，指着刚刚蒸好的米饭说："王秘书，你看看，这是啥子米哟！不成个饭样子！"他愁眉苦脸地说。

王鹤滨一看，粗大米做成的饭是一粒一粒的，根本黏合不到一起，并且饭里还带着稀汤汤，倒像是在北方农村那种大麦粒做成的饭。很清楚，廖师傅担心这样的饭毛泽东要是不喜欢吃，可就要丢他厨师的脸面了。

王鹤滨安慰厨师："廖师傅，这是主席指示要做的粗大米饭，你就把饭送去吧！"王鹤滨虽那么说，可心里也犯嘀咕：毛泽东是不是喜欢吃它呢？

廖师傅顾虑重重地蹙着眉头，用双眼的余光看着那碗粗大米饭，慢慢腾腾地向紫云轩走去……

王鹤滨没有离开菊香书屋，他担心毛泽东这顿饭能否吃好。当值班卫士把碗筷撤回来的时候，王鹤滨走到毛泽东身边，用试探的口吻问："主席，粗大米饭好吃吗?"

"很好嘛!"他满意地微笑着回答。

在较长的一段时间内，毛泽东几乎天天吃这样的粗大米饭。①

---

① 吴连登主编：《毛泽东饮食趣谈》，中央文献出版社2012年4月版，第98~100页。

姚淑贤请客
毛泽东买单

姚淑贤是天津人，父亲是一名铁路职工。1952年，姚淑贤初中毕业，由于当时家庭生活比较困难，没有继续升学，便参加了工作。在卫生学校培训了一段之后，姚淑贤被分配到天津铁路卫生防疫站工作。1953年年初，领导同姚淑贤谈话，说专运处女同志少，专列上应该有医务人员，为首长卫生安全方面做些工作。就这样，姚淑贤被调到了铁道部专运处。当时姚淑贤还不满十八岁。专运处主要负责专列运输任务，处长由铁道部委派，专列的调度、备餐、安全检查、医疗服务等全套工作都由专运处负责。姚淑贤在医务组工作，组里一共有七八个人。

　　1953年11月的一天，专列处处长召集所有乘务人员开会，有四五十人。处长说："我们要执行一次重要任务，既重要又光荣。全国人民把重担交给了我们，我们要用党性保证。"处长朝姚淑贤瞟了一眼。也许是随意一瞥，但是姚淑贤却心跳加快了，她仿佛有一种预感：我不久前刚刚被批准加入了中国共产党，这次是要考验我了吗？

处长还在那里讲着，宣布了各项纪律。还说执行这次任务的同志必须严守岗位，不准串车厢；要注意保密，知道的不说，不知道的不问，也不准往家里写信。

果然，姚淑贤这名新党员有幸被指派参加了这次服务行动，登上了专列，而且分配在一节软包车厢上。

那时的专列分大列和单包，大列有十几个车厢；又分为高级专列和一般专列。高级专列的服务对象主要是国宾或中央五大书记，一般专列的服务对象主要是友好国家来访的各种团体及国内领导同志的集体活动。比如苏联红旗歌舞团来华访问或人大代表集体参观官厅水库都是乘坐一般专列。单包又是一种，只是一节车厢，挂在其他普通列车后，副总理及中央各部部长都是坐单包。比如林彪担任党中央副主席之前也是坐单包。至于中央副部长及省委副书记，便只能享受普通软卧的一个包厢了。

软包车厢的内部结构大致是这样的：一个客厅，厅内拥有桌椅、沙发，党和国家领导人视察各省时就在这里同省委领导谈话。车厢里有一个主房间，是首长卧室，内设浴池和厕所；还有一个副房间，由卫士长住；还有两个小房间，上下铺，分别由卫士和列车员住，里面也有公用厕所，这个厕所由首长之外的其他人共用。1958年以前使用的老式国产车还有个小会议室，后来换成了德国进口车，这个小会议室就没有了，但是客厅比旧车增大了许多。

按照纪律规定，客厅和首长休息的主房间服务人员是不能随便进出的，就是卫士长住的副房间及卫士住的小房间也是不叫不能去的。因此，随领导出行是一个既紧张又寂寞的旅程。

那次执行任务乘坐的列车是国产的，挂有两节软包车厢、七八节普通软卧车厢，前有行李车，后有乘务人员休息的硬卧车厢。列车停在车库里，大家就住在列车上，每天检查车辆、打扫卫生，等待了二十多天。其间，铁道部部长滕代远还亲自来检查列车的准备工作。

12月的一天下午，大约是3点多钟，专列终于开出了车辆段，停在前门火车站。大家各自坐在自己的房间里，也就是乘务室里，不许随便朝外张望。工夫不大，外面有汽车行驶的声音，似乎开来一串汽车，有不少人登上了列车。前后不足一分钟，专列便行驶起来了。

列车行进了一阵子，一位中等个儿、留背头、挺英俊的年轻人来到了姚淑贤的眼前，要了一壶开水。后来姚淑贤才知道，他叫李银桥，是毛泽东的卫士长。不久，又有两位很漂亮、英武的小伙子来要扑克牌。其实他们也感到旅途寂寞，要东西时便借机和姚淑贤多聊了几句，态度都很热情、很友好，甚至表现出一种亲近。那时姚淑贤刚满十八岁，适逢妇女解放、男女平等的呼声正在全国高涨，所以大家多接近、多交谈便也自然而然，没什么值得大惊小怪的。后来，这些英武的小伙子又邀请姚淑贤去打扑克，姚淑贤很高兴地同意了，大家就在小小的会议室里开心地玩了起来。你一言我一语，谈笑风生，大家很快就熟悉了。姚淑贤也知道了这些小伙子的名字，孙勇、张仙鹏、李家骥、马武义。

有一段时间，姚淑贤以为党和人民交给她的客人就是这几个小伙子，姚淑贤甚至想，这些人一定都是非常重要的人物吧！

姚淑贤怎么也没想到，毛泽东坐在这个专列上。

入夜后，李银桥忽然问从主房间出来的张仙鹏："房间多少度？"

张仙鹏说："二十度。"

李银桥又问："主席吃饭了没有？"

张仙鹏摇摇头："他还在写。"说着，将一把铅笔放在桌子上，开始削铅笔。

姚淑贤心里怦然而动：主席？主席是谁？肯定是……

姚淑贤猜对了，但是她不敢说也不敢问。

姚淑贤兴奋得竟然一夜没有睡觉。感觉告诉她，主房间里的客人也一夜没有睡。因为常有年轻人进进出出的，一会儿换茶水，一会儿将烟灰缸拿出来倒掉……第二天吃过早饭，李银桥望着姚淑贤说："你还没去看主席，应该有礼貌，应该见见主席。"

姚淑贤高兴得差点喊起来：我早就想见见了，做梦都想！

后来姚淑贤曾经说过："就冲李银桥的这句话，我打心眼儿里感激这位卫士长。"

李银桥走进主房间，大概是向毛泽东汇报。很快他又出来了，微笑着向姚淑贤招手："进来吧。"

姚淑贤怀着激动、幸福而又忐忑不安的心情走进了那道门！看到了那张熟悉的面孔，差点就张口喊"毛主席万岁"了。

这是姚淑贤第一次见毛泽东的经历。

姚淑贤胸膛起伏着，站在毛泽东面前。心里想向毛泽东问好，可是喉咙堵塞了一般，竟然说不出话来了。毛泽东伸出一只手，姚淑贤竟然愣愣地站在那里没有一点反应。

李银桥碰了姚淑贤一下，小姚才如梦初醒，抢上一步，用两只手握住毛泽东的手，顺势像女儿搀扶父亲一样扶毛泽东站稳。毛泽东的手很大很厚，姚淑贤的手显得太小了，用两只手才勉强握拢住毛泽东的一只手。毛泽东似乎问姚淑贤一句什么，小姚激动得一点都没听清。她有些急，眼前也变得模糊起来。她挤挤眼，求救一样去望李银桥。

李银桥说："主席问你叫什么名字？"

"姚淑贤。"小姚的声音细微而颤抖。

毛泽东又问了一句什么，李银桥马上翻译："主席问你哪里人，多大年纪。"

姚淑贤马上回答："天津人，今年十八岁了。"

毛泽东讲话，湖南口音太重，李银桥不得不一直给姚淑贤当翻译。最初，小姚极度紧张，激动一过，她开始能认真辨听毛泽东的话了。于是，毛泽东笑了，轻轻拍着姚淑贤的手背说："我的口音难懂，是吧？多听听习惯了就好了。"

从主房间退出来，小姚的脸上一直感觉有些蒸腾。她伸手去摸，湿漉漉的流遍了整个脸庞，不知是汗水还是泪水。

这时，车到济南了，专列驶入了飞机场。那里有专线，可以停车休息，毛泽东要休息了。

李银桥来劝小姚："主席睡觉了，不会有什么事了，你也睡会儿吧。"

小姚还兴奋着呢，她摇头："不困，我没有白天睡觉的习惯。"

李银桥说："可你夜里没睡，白天还不补觉？"

小姚还是摇头："真的，我一点也不困。"

李银桥又说："专列还要走几天，总不能一直不睡吧？"

小姚张嘴差点问"去哪儿"，忽然想起这是违反纪律的，忙憋住问话，只是说："没事，我年轻，能坚持。"

小姚就这样在兴奋中坚持两天三夜没睡觉，而且仍然精神抖擞，丝毫不困。专列在杭州停下了。毛泽东要下车，大概得知姚淑贤没睡觉，特意找到小姚的房间向她告别，并关心地对小姚说："我们到了。你们辛苦了，好好休息休息，睡个好觉。谢谢！"

……

这就是姚淑贤第一次见到毛泽东的全部经过。

一次出车归来不久，上级又调姚淑贤回到了铁路防疫站工作。毛泽东乘车时发现小姚不在了，便问和小姚在一起的李凤荣："小姚病了吗？"李凤荣说："她调走了，回防疫站工作去了。"毛泽东沉默片刻，说："你回去代我向小姚问好。"

再出车时，毛泽东给小姚写了一封短信，祝小姚：身体好，学习好，工作好。

李凤荣说："我们有纪律，不能带字下车。"

毛泽东想了想，说："算了，那就烧了吧。"

不久，毛泽东对专运处王副处长说："小姚在我这里工作多年，熟悉了，还是叫她回这里工作吧。"

这样，姚淑贤很快又回到了专列上，继续工作在毛泽东身边，而且马上就随专列出发了。姚淑贤虽然离开专列有几个月的时间，感觉上却像几年十几年似的。但是见到毛主席她依然毫无拘束，像久别的女儿见到父亲一般，真诚、亲切。

"主席！"刚看到毛泽东的身影，姚淑贤迅速地跑了过去。

毛泽东一把握住小姚的手说："你又回来了。听说你回来我很高兴。身体好吗？"

"好。"姚淑贤一边说一边用力点头，眼睛有点湿润。

"在外面搞什么工作了？"

"在防疫站上班，职工们有些小病小灾的都是我们治疗。"

"好，那好。多接触接触工人同志好。"毛泽东频频点头，指指小姚和李凤荣，"为了欢迎你，晚饭请你们两位到我这里一块吃。"

晚饭并没有什么特殊的东西，仍然是掺了芋头的红糙米，两盘炒菜，两个小碟：红辣椒和酱豆腐。但是，小姚和李凤荣吃得非常香。毛泽东也吃得很香，可以用"风卷残云"来形容，姚淑贤还没吃完半碗饭呢，毛泽东已经把碗里的米粒一个不剩地扒拉干净了。

　　一切都是那么熟悉：熟悉的工作，熟悉的乘客，熟悉的旅途生活，这让小姚有一种如鱼得水的感觉，情绪很高。毛泽东工作之余，让小姚唱一次河北小调，这曲河北小调毛泽东已经听过无数次了，但是他百听不厌。

　　姚淑贤早已经熟悉这里的工作项目了，她无须人招呼，已经能主动独立地帮毛泽东调整房间温度，搞点小服务什么的了。毛泽东从书桌后坐直身，望着姚淑贤问："快到你家了吧？"

　　小姚朝窗外望望，说："再过半小时就能到天津。"

　　毛泽东兴致勃勃地立起身，活动一下两臂和腰肢，踱入客厅，一边问："你是天津人，天津有什么特产？"

　　"大麻花。"

　　"嗯，天津的狗不理包子更有名。狗不理……怎么叫了狗不理？"

　　"发明这种包子的老板一定很精呗，谁不吃他的包子他就骂了谁呀！"小姚猜测着回答。

　　"那么我们还是不要找挨骂。"毛泽东呵呵笑着，目光扫过卫士们说，"今天小姚请客，大家吃狗不理包子！"

　　卫士们哄起来："好啊，小姚请客？"

　　"愿意不愿意请呀？"毛泽东笑着问小姚。

　　"请就请。"小姚也笑。

　　"我们人可不少啊！"毛泽东用手一比画，意思包括了所有车上人。"谁叫你是天津人呢。你的工资是多少啊？"

　　"工资不多嘛，请一次客还是够的。"小姚说。

"好，今天小姚请客。"毛泽东认真地说。小姚也认真起来，红着脸就要掏钱。可是毛泽东拦住了，对管理员小张说："钱嘛，还是我来掏。这叫吃大户。"

　　小姚仍然虚张声势地还要掏钱，但心里有数：主席是绝不会让我掏腰包的。

　　车到天津，果然上了狗不理包子。毛泽东问管理员小张："交钱了没有？"

　　"交了。"小张出示发票请毛泽东过目。

　　"那好，大家统统去餐车。"

　　在餐车坐好，包子浓郁的香味已经弥漫了整个车厢。毛泽东用筷子指指小姚："今天是小姚请客。"接着又诙谐地点一下头说："我掏钱。"

　　大家哄然大笑。毛泽东带头咬一口包子，说："狗不理啊，快吃，不吃就挨骂。"

　　笑声中，大家的筷子争抢着伸向盘子。①

---

　　① 杜忠明编著：《毛泽东当红娘的故事》，中央文献出版社2010年1月版，第148~160页。

★

毛泽嵘直言挨饿
毛泽东戏说"搞鬼"

★

1955年 4月，毛泽东的堂弟毛泽嵘，毛新梅烈士的
弟弟毛仙梅，以及毛泽东外婆家的表兄文南
松之子文炳璋到北京做客，毛泽东设便宴招待几位家乡来客。
饭菜都是非常普通的家乡风味，因为毛泽东特别高兴，餐桌上
还特意增加了一碗红烧肉。

吃饭中间，文炳璋有些好奇地问毛泽东："主席你平素都
喜欢吃点什么菜呢？"毛泽嵘已经不是第一次来毛泽东家做
客，所以知道一点毛泽东的口味，抢着回答："主席三哥最喜
欢吃红烧肉呢！"毛泽东高兴地说："泽嵘算是了解我，吃红烧
肉可以补脑子嘛！不过喜欢归喜欢，也还不一定吃得到，有人
经常搞点鬼，不让我吃呢。今天算是伴你们的福，沾大家的光

啊！"毛泽嵘有点愤愤然："主席三哥吃点红烧肉谁还搞什么鬼？"他心里想，当国家主席，不说吃什么山珍海味也就罢了，吃点红烧肉算得了什么？毛泽东见毛泽嵘误会了他说的"搞鬼"的意思，就解释说："有人不让烧给我吃，这人就是江青，说什么红烧肉里含胆固醇太多，不能多吃。"毛泽嵘搞不懂什么是胆固醇，就大咧咧地说："那有什么关系，主席三哥有空回韶山，我们餐餐搞红烧肉给你吃，吃它个饱，吃它个厌。"

毛泽东听了毛泽嵘随便说说的话竟然情绪高涨起来，他兴奋地连声说："那好，那好啊！你们现在条件好了些，能经常吃红烧肉了吗？"毛泽东说得很认真，话里明显带有一些期望。没想到这一问，餐桌上顿时安静下来了，谁也不吭声了。

其实，这次毛泽嵘来北京就是要向他的主席三哥告状的。难得毛泽东今天这么高兴，毛泽嵘真不想扫毛泽东的兴，但是话又说到了这个当口，毛泽嵘还是有些控制不住自己，他沉默了片刻，觉得这是个说话的好机会。他说："莫说吃肉，好多人家连饭都冇得吃！"毛泽东听了非常吃惊："真的吗？不是已经搞了互助合作，都增产增收了吗？怎么连饭都冇得吃呢？你讲详细点。"毛泽东来劲了！

毛泽嵘便从韶山最初成立互助组说起，把农民生活的窘况详详细细说了一遍，最后强调说："主席三哥啊，你只怕硬要到乡下去看一下，不是说你们搞的统购统销要不得，但统购统销也要让农民有一口饭吃呀！农民比不得城里，一斤米对一个劳力来说，餐把还差不多，让他吃一天，肚子都饿瘪了，脚都提不起来。现在又是青黄不接的时候，你去看看，韶山怕莫有四成人家揭不开锅了。"

毛泽嵘噼里啪啦的一阵连珠炮，使毛泽东受到了强烈的震动，他呆呆地坐在那里，好半天没说一句话。最后他满怀内疚地说："你们受苦了！可我了解的情况没有这么严重。我们没有十足的官僚，也有五成呢！"

别人有可能说假话糊弄自己，韶山来的亲人应该不会说假话。毛泽东深深感到问题的严重性，当即让秘书罗光禄打电话，请在京的中央主要领导人都到他家里来。

过了不久，周恩来、刘少奇、宋庆龄、彭德怀、彭真等领导人都陆续来到了毛泽东的客厅。主宾入席后，毛泽东给他们介绍说："这是我家里来的几位客人，今天特意请你们几位来，和他们谈谈。有些情况，需要我们做些认真的了解。"话题当然还是粮食的统购统销。

于是，毛泽嵘将乡下因政府多收了粮食而闹饥荒的情况再次如实地叙述了一遍。在座的几位领导人认真地听着。周恩来问："情况有这么严重吗？不是每人每天还有一斤粮吗？"毛泽嵘说："农村每人一斤粮是有，但是像我这样的汉子，那一斤谷米一餐就吃了个精光，早晨出门，就不晓得晚饭在哪里了。"

听了毛泽嵘的话，周恩来也深感问题的严重，心中不安，但是他也没有什么好办法，只能劝慰说："现在国家搞建设，有些困难，要注意节约粮食。现在北京机关事业单位星期天都只吃两顿饭。"毛泽嵘觉得有主席三哥在后面撑着，便不管不顾地争辩起来："城里和乡村硬是不一样，乡里油水不足，菜碗里没有几个油圈圈。我到北京来住些日子，每餐也只吃两碗饭，但还有一个大馒头，也还马马虎虎过得去。再者，城里街上还有副食卖，当然就不觉得肚子饿了。"

毛泽东见问题已经清楚了，就对毛泽嵘说："好了，你也歇歇气，暂时莫讲了。这个问题，我们开会再研究，你看好不好？"毛泽嵘状也告了，红烧肉也吃了，心里感觉满意，也就不再说什么了。

后来，中央根据毛泽嵘反映的情况，再通过实地调查，发现地方上超征粮食的问题的确非常严重，立即予以纠正，减少征购总量，维护了农民的利益，消除了农民的不满。如果没有毛泽东请家乡几位客人吃这顿便餐，没有毛泽东听取普通农民不同意见的胸怀和气度，中央对下面的一些错误就不能及时发现，不能及时纠正，党在人民群众中的威信就会受到一定程度的影响。[1]

① 李琦编著：《毛泽东与联系群众》，中央文献出版社2004年版，第209~211页。

毛泽嵘直言挨饿　毛泽东戏说「搞鬼」

★ ────────

中南海创办学校
毛泽东品尝窝头

★ ────────

1955年 5月14日，毛泽东在中南海西北侧的游泳池游了一会儿泳，然后去丰泽园接见中央警卫团的战士们。战士们很兴奋，都换上了崭新的服装，列队整齐，等待着毛泽东的莅临。

毛泽东很亲切地和战士们打了招呼。其实毛泽东对内卫班的一些警卫战士还是相当熟悉的，甚至能叫上他们的名字。对外围警卫人员似乎不那么熟悉，于是毛泽东和他们亲切地攀谈起来，毛泽东幽默风趣的言谈使现场气氛一下子活跃起来。

毛泽东从战士们中间回到队列前方，改变了话题："我们工作的目的是什么呢？"

队列中发出了整齐的回答："为人民服务！"

毛泽东点点头，满脸带着笑意。毛泽东在李银桥取来的藤椅上坐下，也示意大家坐下。毛泽东继续刚才的讲话："具体到我们警卫部队每个同志来说，我以为你们应该有三项任务：一要搞好保卫工作；二要努力学习文化知识；三要做群众工作，要学会搞调查研究……"

接着，毛泽东向大家详细讲述了在调查研究中所应该采取的态度、方法，以及调查研究的实际意义，并号召每一位警卫战士回家探亲时都要带着任务回去，写出调查报告，要研究社会，回来向他报告家乡的真实情况。

毛泽东生动地对大家说："以探家为名做调查研究，我们可以拟一个章程，就是'谦虚'两个字。对父母、对乡里的乡亲们，要尊重，要尊重家里面的人，要尊重老百姓，要尊重乡干部，莫摆架子。在这里，团长向你们摆架子，你们不高兴，我向你们摆架子，你们也不高兴，你们回家乡探亲，道理是一样的，谦虚可以调查出东西来……"

新中国成立之后，毛泽东自由活动的空间一下子变得狭小起来，他失去了自由行走的空间，也失去了和民众百姓接触的机会，这是他最苦恼的事情。毛泽东曾说："我是靠总结经验吃饭的。"要总结经验就要有实地调查的第一手资料。毛泽东虽然没有机会走出去了，他想起了这么一个简便而又切实可行的办法，他让身边的警卫战士做他的调查员。

搞调查研究就要写材料，写材料就要有一点文化。为此毛泽东早在一年之前就已经做好了必要的铺垫。

1954年5月里的一天，毛泽东让李银桥叫来了叶子龙，在菊香书屋的办公室里，毛泽东对他们两个说："四年了，银桥想去学习没有学了，今年咱们自己办个学校吧！"

李银桥听了很高兴地说："那感情好！请主席给我们当老师！"

毛泽东说："我没得时间呢！我给你们请老师来。"

叶子龙问："怎么个请法呢？总得有上课的地方吧！还得有教材、有经费啊！"

毛泽东说："我出钱来办。我身边的人文化水平都不高，过去打仗把时间都耽误了；现在我们搞社会主义建设，没有文化，没有知识怎么行呢？教育不普及，文化不提高，科学不发展，国家是富强不起来的。"

就这样，在毛泽东的全力赞助下，一所业余文化补习学校很快在中南海的一排小平房里有模有样地办起来了。毛泽东身边的工作人员和一些警卫战士共七十人，成了业余学校的第一批学生。

闲暇的时候，毛泽东来了兴致还要亲自批改学生们的作业。

有一次毛泽东检查封耀松的作业，刚翻了翻就说："你们老师也是个马大哈嘛！"

封耀松有点紧张："我也得了5分呢……"

毛泽东指着作业本上的一行字说："你默写白居易的《卖炭翁》，像你这样写能'卖'得出去炭吗？"

封耀松看着自己的作业本有板有眼地念了起来："心忧炭贱愿天寒……"

"你写的是'扰'嘛！毛泽东指着作业本上的"扰"字说，"哪里伸出一只手？怪不得炭贱卖不出价钱，有你扰乱嘛！"

封耀松窘迫地笑了。

"这句么念？"

"晓驾炭车碾冰辙。"封耀松继续念。

"这是'辙'吗？你写的是'撤'！"毛泽东抓起红蓝铅笔说："到处插手，炭还没卖就大撤退，逃跑主义！虚有5分，名不副实。"随即大笔一挥给封耀松改了分数，封耀松的5分变成了3分。

……

而且，毛泽东要求警卫他的一中队"要搞成五湖四海"，从全国各专区分别选一人，不要重复，目的是全面了解各个地方的情况。

战士们有了文化，果然按照毛泽东的安排回乡搞起了调查研究，还像模像样地给毛泽东写起了调查报告。毛泽东把这些战士写成的报告当作社会调查的第一手材料，每一次都看得非常认真，甚至在上面批注、批改。

1957年12月前后，毛泽东刚刚从南京到达杭州，探亲归来的警卫战士马维直接赶到了杭州。马维不但写了调查报告，还带回了一个又黑又硬的窝头，交给毛泽东说："主席，我们家乡的农民生活还很苦，他们就是吃这样的窝头。我讲的是实话，我爹我娘也是吃这个。"

毛泽东接过窝头，掰一块放入嘴里，泪水立刻溢满眼眶。

当他咽下那口粗糙的窝头时，豆大的泪珠便顺着脸颊淌落下来，鼻子也壅塞了。他一边流泪，一边掰了窝头分给身边的工作人员说："你们都吃一块，这就是种粮人吃的粮食啊！"

当天晚上，毛泽东失眠了。

李银桥劝毛泽东静下心来睡觉，毛泽东却喃喃地说："为么事会这样呢？为么事……人民当家做主了，不再是为地主种田，是为人民群众自身搞生产，生产力应该获得解放嘛……"

好长时间，困惑中的毛泽东还是睡不着，便起身冒着夜晚的冷风到院子里散步。李银桥默默地跟在毛泽东身后，毛泽东依然自言自语地说着："我们是社会主义嘛，不该是这个样子，要想办法，一定要想办法……"①

---

① 李琦编著：《毛泽东与联系群众》，中央文献出版社2004年9月版，第193~195页。

转战陕北品佳县"站羊"
西郊归来吃羊肉泡馍

1955年初夏的某一天，毛泽东去参加了一个什么展览会，傍近中午，两辆车一前一后从西郊机场返回中南海。汽车行至北京展览馆附近时，毛泽东忽然说了一句："我肚子饿了，找个饭馆吃饭！"

那天毛泽东的机要秘书高智陪在毛泽东身边，他侧着身子坐在前排右座的位置，马上转过脸来对毛泽东说："主席，我们一回到家里，什么事也不干就吃饭。"

"不。"毛泽东一边抽烟，一边说，"我要去饭馆吃！"

高智以为自己的耳朵听错了，忙问了一句："去饭馆？"

毛泽东清楚而干脆地回答了两个字："饭馆！"这回答简直就是毋庸置疑的。

　　高智听清楚了，也着急起来。这是从来没有过的事情，平常毛泽东是从来不去饭馆吃饭的，有时宴请外宾，在什么大饭店里，那也都是事先安排好的，安全、保卫工作都做了周密的安排，很麻烦。眼下毛泽东突然要下饭馆，大家毫无思想准备。可是，又必须按照毛泽东的指示去办，不能半点含糊。

　　叶子龙坐在后排座，他知道这事不容商量，只好叫司机周西林停车。停车后，叶子龙下车和汪东兴做了汇报，汪东兴着急地说："那不行，劝主席回家吃饭，在街上吃不安全。"叶子龙说："我和孙勇都劝了，主席根本不听。"

　　大家平时都在机关食堂吃饭，对北京的饭馆并不熟悉。其实大家每日都待在中南海里，中南海外边的世界一点也不了解。像高智只在外面吃过一回"担担面"，那是他不知道担担面是什么滋味，心中好奇。不过，高智毕竟是高智，他能急中生智，忽地记起前些日子听公安部长罗瑞卿说过，新街口南大街有一个西安饭庄条件挺好，那里的羊肉泡馍味道不错。

　　羊肉泡馍是陕北风味小吃。据史料记载，牛羊肉泡馍是在古代牛羊肉羹的基础上演变而成的。古代许多文献，如《礼记》以及先秦诸子，都曾提及牛羊肉羹。西周时曾将牛羊肉羹列为国王、诸侯的礼馔。明崇祯十七年（1644），西安专营羊肉泡馍的"老马家"就在桥梓口开业了。西安的牛羊肉泡馍，早在民国及民国以前，就已声名远扬了。到西安私行或公干的政要，都以能吃一碗羊肉泡馍为幸。1936年蒋介石到达西安，时任国民党西北军将领的杨虎城，就用羊肉泡馍宴请了蒋介石。1947年，国民党竞选国大代表时，有人就曾用牛羊肉泡馍拉选票，当时报纸报道的标题是《君欲选国大代　请客先吃羊肉》，可见羊肉泡馍的名气和魅力了。

因为高智是陕北人，当然吃过羊肉泡馍，所以罗瑞卿一说他就记住了。此时，他建议："去西安饭庄吃羊肉泡馍好不好？"

羊肉泡馍说起来好听，其实就是把烧饼掰碎了，放到煮熟的羊肉汤里，再加上一些诸如白菜丝、粉丝一类的配料，再佐以料酒、盐、茴香、葱末等，来个一勺烩，如此而已。但是这种陕西美食料重味醇，肉烂汤浓，肥而不腻，营养丰富，香气四溢，诱人食欲，素为西安和西北地区各族百姓喜爱，因而已经成为陕西名食的"总代表"了。

其实，毛泽东转战陕北时期，在佳县曾经有滋有味地吃过一次羊肉，但是那一次吃的是不是羊肉泡馍还有待考证。

那是毛泽东率昆仑纵队转战陕北期间，1947年10月17日昆仑纵队来到佳县，佳县县委领导在城门口迎接毛泽东，并陪同毛泽东步行进县城参观市场。路边到处摆着卖煮羊肉、羊杂碎的摊子，吃的人也很多，吃得很香。在山沟沟里转战半年多的毛泽东悄悄对汪东兴说："咱们也吃些？"

汪东兴把毛主席的意思转达给县委书记张俊贤，县委书记对毛泽东说："主席想吃羊肉、羊杂碎？这好办，我们买回去吃怎么样？"

毛泽东说："买回去吃就不香了。"

县委书记又说："这里的羊杂碎吃不得，你仔细看看，锅里还飘着羊粪蛋呢！"

嘴上是这么说，其实县委书记更担心的是毛泽东的安全。

毛泽东一听这话笑了："羊吃草长大，羊粪不过是羊消化过的草，煮熟了吃点没关系。"

毛泽东还是想吃，说是吃羊肉，其实毛泽东想体察民情，想了解一下陕北经济状况，这也是社会调查的一个手段。毛泽东从不放过任何一个接触民众的机会。

当天正赶上佳县大集，满街筒子都是人，十几名警卫人员簇拥着毛泽东进城，但是还是被一个年轻后生认出来了。这样的环境，县委书记怎么敢让毛泽东坐在那里吃羊肉泡馍呢？县委的人在前面开路，沸腾的人群越围越紧，在县委一干人的引领下，只好折入一家院落，再绕进县委大院。

当天中午，佳县县委为毛泽东准备了清炖羊肉、羊杂碎，虽然没有街上吃得那般热闹，但是也有滋有味，毛泽东吃得很香。一面吃一面说好吃，还告诉汪东兴："我们回去的时候买几斤鲜羊肉带上，切成大块，炖得烂烂的，美味！"

佳县的羊肉有名。佳县自古饲养一种"站羊"，农民在年初把小羊羔饲养在圈，初冬小雪前后羊满膘后宰杀，这种羊因为圈养而肉质上乘，肥、嫩、鲜、香，没有膻味，秋冬宰杀更是味甘，性大热，益气补虚，温中暖下，是上好的滋补品，为佳县一大特产。佳县漫山遍野又长着一种叫"地椒椒"的野草，草有香味，可做调料。佳县的羊吃了这种草，肉质难道不更香吗？羊肉水饺、羊肉泡馍、羊肉臊子面、清汤羊肉、羊杂碎……品味奇香，入口难忘。尤其是羊杂碎堪称一绝，一副头蹄下水样样不丢，清洗十多遍，然后在清水里浸泡一夜后下锅。锅内放鲜辣椒、鲜香菜等作料，又在炉火上文火煲煮，出锅后，切细肚条，再把心肝血肺均匀搭配，既实惠又有滋味，端一碗出来就香透了一条街……①

毛泽东在陕北一住十三年，当然喜欢这种陕北风味小吃，今天高智这么一问，毛泽东很爽快地一口答应了："行!"

当年佳县的羊肉汤已经很久没有品尝了，正好回味一番当年的滋味，毛泽东念旧，最喜欢回味。

叶子龙对司机喊了一声："老周，去西安饭庄。"

毛泽东乘坐的吉姆轿车在路边停了些时候，这辆车经过特殊处理，从外面看不见车内，车里却可以看到外面。那时候这种处理就是"特殊处理"了，现在呢，花个几百元什么车都可以来一番特殊处理。没多久毛泽东的车启动了，驶往新街口。当时孙勇随车担任毛泽东的保卫工作，心情异常紧张，担心毛泽东的安全，因为那是一家普通的饭馆，事先没有布置过安全保卫工作。

到了新街口，打前站的卫士们已经在那家饭馆里了。高智和李银桥陪着毛泽东进了饭馆，见里面有一间雅座，当即走了进去。里面正好有一张桌子，毛泽东、高智、李银桥、王敬先坐下来。卫士和司机机灵地在雅座门口的一张桌子四周坐了下来，遮挡了人们向里面张望的视线。还好，没人认出毛泽东。

在大家陪毛泽东走进饭庄的这个当口，孙勇以最快的速度

---

① 姜安著：《三十七孔窑洞与红色中国》，解放军文艺出版社2006年1月版，第348~350页。

到附近的派出所给市警卫处的张处长打了一个电话，此时张处长告诉孙勇："我们已经命令派出所布置好饭庄周围的警卫，市局领导随后就到。"这时，孙勇拿起电话又急忙向中南海值班室报告了当时的情况。后来孙勇回忆："这是我第一次违心地不听毛主席的话。因为我的责任太重大了，不能不这么做。"

这些都做完了之后，孙勇再次叮嘱张处长："一定要注意缓和警卫形势，你们不要进饭庄，不要在大门口活动，市领导来了也不要出面，要幕后指挥。"毛泽东如果发现大家为了他的安全所做的这些"小动作"一定会发火的，但是大家又不得不这么做。

高智向店主一共要了八碗羊肉泡馍，每人一碗。羊肉一片片很嫩，毛泽东吃得很香。看着吃得差不多了，高智前去结账。店主说："总共六元三角。"高智一摸口袋，糟了！身上没有那么多钱。他知道，毛泽东身上是从不带钱的。几个人凑凑吧，还是凑不足六元三角。这也正常，整天跟在毛泽东身边，从来没有半路上杀向饭店的先例，谁的兜里揣钱啊？

高智只得向店主打招呼，说是临时决定在外吃饭，身边没带钱，明日一早一定送来。那店主大概也看出了来人的干部身份，规规矩矩，也就连连说："不要紧，不要紧，明天送来就行。"

这时，毛泽东吃罢走出了雅座，立即被人认出。饭馆里的顾客们拍手鼓掌，毛泽东也向大家点头招手，出了门。这时，司机老周已把轿车开到饭馆门口，毛泽东上了车，轿车一溜烟儿驶向中南海。

"原来是毛主席！"这样的小店能迎来毛主席这样的大人物光临，的确是小店的荣光，店主兴高采烈。

车子驶入中南海，大家那忐忑不安的心才算踏实了。翌日一早，高智踩着自行车，从中南海来到新街口，把六元三角钱送到那店主手中。店主哪里肯收钱，说是毛主席前来吃羊肉泡馍，是他们饭馆的无上光荣，怎么可以收钱呢？高智无论如何留下了钱，这才骑车回中南海……①

① 顾奎琴主编：《毛泽东保健饮食生活》，广东人民出版社2003年10月版，第231~235页。

转战陕北品佳县「站羊」 西郊归来吃羊肉泡馍

才饮长沙水
又食武昌鱼

才饮长沙水，又食武昌鱼。

万里长江横渡，极目楚天舒。

不管风吹浪打，胜似闲庭信步，今日得宽馀。

子在川上曰：

逝者如斯夫！

风樯动，龟蛇静，起宏图。

一桥飞架南北，天堑变通途。

更立西江石壁，截断巫山云雨，高峡出平湖。

神女应无恙，当惊世界殊。

这首词最早发表在《诗刊》1957年1月号上。毛泽东那种无所畏惧的万丈豪情，令世人瞩目。

1956年5月31日、6月2日、6月3日，毛泽东三次横渡长江，触发了豪情与诗兴。6月3日夜里，毛泽东在武汉东湖客舍欣然命笔填《水调歌头》一阕，"才饮长沙水，又食武昌鱼"的句子成为长沙和武汉的骄傲，从此"白沙井"的水、武昌的"团头鲂"名震华夏。

很多人可能不知道，毛泽东的词《水调歌头·游泳》还跟程汝明的一道紫苏武昌鱼有关。

1956年5月30日，毛泽东乘专机从广州飞抵湖南长沙，31日早晨毛泽东一行又从长沙奔赴武汉，在那里毛泽东品尝了武汉特产武昌鱼，于是有了那首著名的《水调歌头·游泳》。

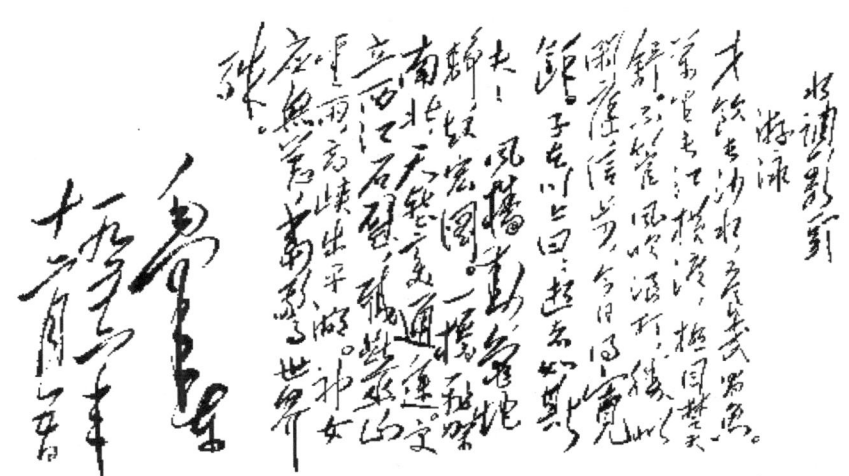

毛泽东手迹《水调歌头·游泳》

才饮长沙水　又食武昌鱼

武昌鱼的典故由来已久。据《三国志·吴书·陆凯传》记载：东吴甘露元年（265），末帝孙皓欲再度从建业（南京）迁都武昌。左丞相陆凯上疏劝阻，疏中引用了"宁饮建业水，不食武昌鱼"这两句"童谣"。于是武昌鱼始有其名，毛泽东在词中是化用。

据《武昌县志》记载：武昌鱼是因为它原产于湖北省鄂州市樊口的一种鳊鱼，又称缩项鳊，樊口一带古称武昌，所以人们又将这种鳊鱼叫武昌鱼。而当地百姓又叫这种鱼为团头鳊或团头鲂，称产樊口者甲天下。"是处水势回旋，深潭无底，渔人置罾捕得之，止此一罾味肥美，余亦较胜别地。"同时，以"鳞白而腹内无黑膜者真"。

文献记载，唐时孟诜曾有文记载此鱼：患疳痢者不得食。《食疗本草》载：鲂鱼，调胃气，利五脏，和芥子酱食之，能助肺气，去胃风，消谷。作鲙食之，助脾气，令人能食，作羹膳食宜人，功与鲫同。凡患有慢性痢疾之忌食。

其实毛泽东在武昌不止吃了一次武昌鱼，武昌鱼是武昌的特产，当地政府在餐桌上为毛泽东准备了这道美食。但是，毛泽东的厨师程汝明在湖南长沙也为毛泽东准备了武昌鱼，只是毛泽东没来得及吃。程汝明刚杀完鱼，突然接到上级命令：不在长沙吃午饭了，直接从长沙奔武汉。

武昌鱼

于是，趁着这条武昌鱼还新鲜，程汝明就把收拾好的鱼放进了自制的冰箱里。31日毛泽东到达武汉，毛泽东品尝了程汝明的这道美味——武昌鱼。程汝明在做鱼时放进了紫苏，毛泽东非常满意，连鱼带汤都吃了下去。餐后毛泽东畅游长江，于是就有了后来的《水调歌头·游泳》。可毛泽东却不知道，这条武昌鱼是从长沙带到武汉的。①

然而，在章重著的《梅岭——毛泽东在东湖客舍》一书中，也有关于"才饮长沙水，又食武昌鱼"的一段有鼻子有眼的记录，与程汝明的回忆却有些出入。

6月4日就要回北京了，毛泽东突然想起了为自己做清蒸武昌鱼的厨师杨纯清。他走出办公室，来到一群正在闲聊的工作人员中，对杨纯清师傅说："杨师傅，你做的武昌鱼蛮不错，这武昌鱼是有典故的。岑参有'秋来倍忆武昌鱼，梦魂只在巴陵道'，马祖常有'携幼妇来拜丘陇，南游莫忘武昌鱼'。看来，武昌鱼历史悠久。"

毛泽东早有准备，说罢，从口袋里掏出一叠纸，对杨纯清说："杨师傅，我刚刚写了一首新诗给你，要不要？不吃你做的武昌鱼，我是写不出诗来的。"

杨纯清接过毛泽东送来的墨宝，激动万分，连连向毛泽东道谢。②

---

① 顾奎琴主编：《毛泽东保健饮食生活》，广东人民出版社2003年10月版，第7页。

② 章重著：《梅岭——毛泽东在东湖客舍》，中央文献出版社2003年7月版，第92页。

　　程汝明说毛泽东是吃了他做的紫苏武昌鱼之后填的那首
《水调歌头·游泳》，章重在文章里却做如此说，为什么呢？也
许，两位厨师都为毛泽东做了著名的武昌鱼？到了产武昌鱼的
地方，武昌鱼又那么有名，吃两次也是可能的。

毛泽东意外光临
萧劲光家中设宴

1957年8月1日下午4点多钟，萧劲光静静地坐在椅子上凝神回忆，琢磨着上午的阅兵式预演，哪里还存在问题需要改进，毛主席要观摩的，出了岔子不是小事……忽然院子里传来了脚步声，毛泽东意外地出现在青岛市荣成路24号萧劲光家的院子里。

萧劲光毫无准备。其实，毛泽东到青岛已经有一段时间了，1957年7月12日，毛泽东结束了南方巡视，经南京抵达青岛。毛泽东此次来青岛是度假休养的，所以随行的还有江青和李讷、李敏。而实际上毛泽东除了在疗养区的第二海水浴场游泳几次之外，再没有什么闲暇时间，一直都在忙里忙外地工作。

215

原来，1957年8月1日是中国人民解放军建军三十周年纪念日。三十年是大庆，中央军委决定8月4日海军在青岛举行海上阅兵，接受中央领导检阅。于是，在建军节前夕，萧劲光到青岛某海军基地检查海上阅兵准备工作，专程去迎宾馆看望过毛泽东，并扼要汇报了青岛基地建设和海上阅兵准备情况。萧劲光说，海军经过近八年的建设和训练，装备方面有很大进步，技术、训练水平也有很大提高。这次在青岛举行海上阅兵，空、潜、快主要的海军兵种都要出动……毛泽东听后非常高兴，决定亲临阅兵现场。

今天毛泽东来萧劲光家是专门研究阅兵式具体事宜的。

毛泽东一边向屋子里走，一边大声喊道："萧司令，我要饭吃来了。"

萧劲光从椅子上一个鱼跃站起来跑到门外，迎了上去，说："主席啊，那天准备了你说你有事来不了，今天可没什么好吃的啊！"

原来毛泽东这次来青岛初次见到萧劲光时开过玩笑，他和萧劲光说："萧劲光，今天我到青岛来了，你不尽尽地主之谊？我要到你家吃一顿饭。"

毛泽东还对萧劲光说："回去告诉你老伴，叫她亲自给我做几个菜。"接着，他说了几个菜名，"麻酱茄子、苦瓜炒鸭子、一盘辣椒、一碗米饭，蛮好嘛！"

那天听毛主席说要来家里吃饭，萧劲光大喜过望，"哎呀，主席你太忙了，我不好意思去打扰你，这样的话咱们晚上就在家里吃一顿便饭吧。"结果那天毛泽东工作安排太忙没去，想不到毛泽东今天来了一个突然袭击。

毛泽东对吃饭从来都不讲究，对萧劲光说："要求不高，填饱肚子就行了。"毛泽东给萧劲光突然袭击其实就是怕他大摆筵席。

卫士附在萧劲光耳边小声说："主席今天真的在这吃饭。"萧劲光面露难色："怎么不早通知呢？"

"用不着早通知，你吃什么，我就吃什么，有辣椒吗？"毛泽东说着摆了摆手，"吃饭是下一步的事，先听听你们的情况。"

于是，萧劲光、刘道生将几天来用心准备的腹稿一股脑儿倒了出来，毛泽东一边听一边指示，萧劲光和刘道生相互补充着，一边谈着对毛泽东指示的理解……

作为三军统帅的毛泽东曾多次宴请过他的部下，但他几乎从来未曾到部下家里吃饭，这是有记录的唯一一次，这既是莫大的荣幸，也是重大的责任，萧劲光岂能不面露难色？说是吃一顿便饭，但毕竟是领袖登门，怎么也得精心和周密地准备一番吧！

这时，萧劲光家里开始忙碌起来，甚至从青岛最高级的东海饭店搬来了很多东西。萧劲光家里的厨师韩师傅是个二级厨师，做饭水平也是相当了得的，所以想弄一些山珍海味借机露一手。但是萧劲光知道毛泽东的脾气，说："就吃家常饭。"韩师傅张罗了半天的山珍海味只好退了回去，最后只做了六道家常菜，有三个时鲜青菜，有一个菠菜、一个油菜，还有一个什么菜大家都记不清了；荤菜有一个红烧肉、一个海参、一个鱼，外加两碟小菜：辣椒和酱豆腐。

毛泽东和萧劲光、刘道生正谈着，工作人员走进来附在萧劲光耳边小声说："饭已经准备好了。"

毛泽东听到了，随即说："好啊，边吃边谈。"

毛泽东不知道，除了鱼，其实桌子上的这些东西都是毛泽东自己带来的。原来，知道要在萧劲光家里吃饭之后，海军方面立即与毛泽东住处的工作人员取得了联系。那边根本不知道毛泽东要在外面吃饭这件事，已经准备了晚餐。因为是建军节，还加了一道红烧肉。那时，刚解放不久，考虑到社会情况比较复杂，中央对主要领导人外出住宿吃饭的警卫工作要求比较严格。所以双方工作人员经过协商，把已经为毛泽东准备好的饭菜运到了萧劲光家中。毛泽东根本不知道这其中的秘密，吃得很高兴，还一边吃一边说味道好呢。

毛泽东的女儿李讷曾回忆：父亲毛泽东很少到别人家吃饭，这也是父亲的一个特点。可是1957年，她们一家却去海军司令员萧劲光大将在青岛的寓所吃了一顿家庭便宴。这是父亲的一次破例，对这件事她印象很深。①

毛泽东在萧劲光家里吃了一顿饭，这是萧劲光的偏得，这顿"湖南家乡饭"表示了毛泽东对萧劲光紧张操劳、准备海上阅兵工作的肯定和亲切慰问。

---

① 中共青岛市委党史研究室：《毛泽东主席在青岛的日子》，2013年12月26日《青岛日报》，第3版。

但是，毛泽东这次莅临青岛也留下了难以弥补的遗憾。毛泽东这次到青岛视察海军，最主要的行程就是视察人民海军的"八一"海上阅兵，结果毛泽东在那里突然患上了感冒，不能到海面上吹风，只好委托周恩来总理检阅了人民海军。

毛泽东视察灌县
井福街激情如火

都江堰市原来的老名字叫灌县，在灌县的老城里，有一条曾经声名远扬的小巷——井福街。记忆之中，灌口镇的井福街是一条非常幽静的所在，窄窄的街巷铺满了碎石路，古色古香的白墙、灰瓦，稀稀落落的行人……如今，因为古城改建，井福街上的老建筑已经被拆得七零八碎，周围的一切和印象中的场面形成了鲜明的对比，究竟能从哪里寻找有关这条巷子的历史记忆呢？

五十多年前，在井福街上有一个"幸福餐厅"，这个餐厅绝对是灌口镇的地标建筑，名声响当当的，因为这里曾接待过一位大人物。那是1958年3月21日，毛泽东在井福街的幸福餐厅请当地领导吃了一顿豆花回锅肉。那一天，毛泽东到灌县的消息不胫而走，当天整个县城都沸腾起来了，人们像潮水一般从四面八方涌向井福街，把井福街堵得水泄不通。

1958年3月，中共中央在四川召开了一次会议，即成都会议。会议期间，毛泽东在百忙中抽出时间视察了灌县的都江堰。

3月21日上午10时许，几辆小轿车从成都金牛坝招待所驶出。温江地委第一书记宋文彬同灌县县委第一书记陈彬、县长王宝玉以及都江堰管理处处长张建中等怀着激动的心情，在灌县东门外观凤楼迎候毛泽东的到来。下午2点50分，毛泽东乘坐的汽车从成都方向驶来，停在二王庙后门，毛泽东微笑着从车中走下来，四川省委第一书记李井泉把温江地区和灌县的同志向毛泽东一一做了介绍。毛泽东环顾四周后，对大家说："灌县是个好地方嘛，山清水秀哟！"

春光明媚，望着野外遍地的金黄嫩绿，毛泽东显得极为高兴，川西坝子的肥沃富庶，一定给他留下了深刻印象。玉垒山上，都江堰工程一览无余，毛泽东举起望远镜向西北眺望，久久伫立不动。那是当年红军走过的雪山草地，二十三年前，他还率领着一支疲惫饥饿的队伍在那里行进，还不知下一步到何处安身立足。物换星移，沧海桑田，如今他已经是拥有六亿多人口欣欣向荣的新中国的领袖，而那个一度陷他于绝境的蒋委员长，已经"跑到一群海岛上去了"。"更喜岷山千里雪，三军过后尽开颜"，人们看见他笑了，笑得很自豪。他已经创造了许多震惊世界的历史奇迹，还有什么奇迹不能创造呢？

看完都江堰全景，毛泽东乘车驶进灌县离堆公园西侧的伏龙观，汹涌的江水直扑离堆，然后转身咆哮东去。毛泽东问都江堰管理处处长张建中："这里有多深？"张答："有八公尺深。""有没有人下去游过？""没有"。毛泽东笑了，说："我想下去。"众人顿时哑然。即使是说说而已，谁敢把伟大领袖的话当玩笑？万一此话当真，出了事谁能担待得起？这水能把漂木都卷下去啊！

也许毛泽东只是对"从没有人下去游过"这句话提出挑战，他对任何前人不敢想、不敢做的事都抱有一种挑战的心理。接着他让大家把提着的心放下来，指着脚下的离堆问："这岩会不会被水冲毁？"张建中缓过气来答："不会，这是粒岩，很坚硬。"

"一百万年以后会不会？"众人再次哑然。事后人们反复琢磨领会，"认为这确实是个关系到川西平原安全，关系到子孙万代幸福的问题"，便用钢筋水泥对离堆进行了加固。

当天毛泽东说要在灌县用晚餐。小小的灌县什么时候有过这样的荣幸？县委领导有一种受宠若惊的感觉，开始了从未有过的忙碌。他们根据掌握的毛泽东饮食习惯和口味特点，挑选厨师，筛选进餐地点，好不忙碌。经过实地考察，大家一致认为井福街上的一家小饭店比较合适，这家小饭店就是后来的"幸福餐厅"。小饭店紧挨县委，出口多，经过简单整修，可从后门直通县委。服务员则主要挑选表现好、年轻灵动的党团员和积极分子担任。

下午5点，一辆黑色轿车驶进了井福街，毛泽东身穿一套灰色中山装，从容地从轿车探出身子，在人们的簇拥下走进了那个紧挨县委的小饭店。刚刚入座，毛泽东掏出一盒"红锡包"香烟，给在座的各位每人一支。和国家主席毛泽东一起用餐，对县委领导来说还是第一次，总觉得有些紧张和不自然。毛泽东却很随和，看看大家，他诙谐地笑着说："今天谁请客？"省委第一书记李井泉说："我请客！"温江地委第一书记宋文彬抢着说："我请客。"县委第一书记陈彬、县长王宝玉同声说："主席来灌县视察，应当我们请您！"

毛泽东哈哈大笑，说："还是我请客吧。"饭桌上的气氛一下子变得轻松了。然后毛泽东问道："你们四川啥子叫龙门阵？"灌县的程斗南引经据典做出回答，毛泽东听后很满意。就餐中，毛泽东还与陈彬、王宝玉拉起家常，问他们是哪里人、来这里是否习惯、有几个小孩等。还询问了全县人口、土地面积、群众吃大米还是吃苞谷等情况。

饭没吃完，整条街道早已经被闻讯而来的人们挤得水泄不通了，陪同人员提心吊胆。这时，"毛主席万岁！ 毛主席万岁"的喊声响彻整个灌县县城。大家兴奋地喊着，毛泽东频频走到窗口微笑着向群众招手致意，人们更加激动，伸长脖子，争相望着毛主席，高喊的声音一阵高过一阵……群众情绪高涨，人人引颈踮脚，前拥后挤，热泪盈眶，万岁之声盖过咆哮的江流声……

遵照毛泽东的意见，这顿午餐非常简单，主菜是豆花和回锅肉。饭后，毛泽东接见了服务员和厨师张金良，并和他们一一握手，表示谢意，亲切地对大家说："你们辛苦了。"

为了永远记住毛泽东对灌县人民的关心和爱护，第二天晚上，莲花公社召开社员大会，一致要求将"莲花公社"更名为"幸福公社"；毛泽东经过的灌县城主街道东街，后来更名为"幸福路"；而毛泽东用餐的那个小饭店也自然被命名为"幸福饭店"了。①

其实毛泽东很少请人吃饭，尤其是晚年，请人吃饭的次数更少了。晚年的毛泽东有一位鲜为人知的管家吴连登，毛泽东时而称他"同志"，时而称他"我那盏不灭的灯"。他比李讷小一岁，李讷至今见面仍口口声声叫他"叔叔"，就因为他与毛泽东是"同志"。吴连登陪伴毛泽东度过了整整十二个春秋，直到1976年9月将这位领袖的遗体护送到毛主席纪念堂供人们瞻仰为止。在吴连登的记忆中，毛泽东其实很少请客，偶尔为之，几乎是清一色的民主人士和同窗好友，很少请共产党的各级干部。当然，也有例外，比如在丰泽园开会到深夜，他会说："今天会开晚了，我请大家吃饭——面条一碗。"不用说，这顿面条，毛泽东会坚持在他的伙食费里支出。②

这就是毛泽东的人格魅力。

---

① 《都江堰有家"幸福餐厅" 毛主席来这吃过回锅肉》，2011年6月3日《天府早报》。

② 李敏等著：《真实的毛泽东》，中央文献出版社2003年版，第341页。

毛泽东宴请赫鲁晓夫
红辣椒撂倒布尔加宁

1958年 7月31日，那是一个阳光灿烂的夏日，下午4点，一架苏联飞机在北京南苑机场降落，赫鲁晓夫率领苏联代表团来我国访问。这是一次秘密的出访，没有红地毯，没有仪仗队，也没有熊一样的拥抱，更没有亲密的接吻礼。没有热情洋溢的致辞，也没人高喊欢迎的口号……因为彼此都已经知道谈话的主题，因此气氛大不如前。虽然缺少热情，但是接待规格却仍然非同一般，阵容庞大。毛泽东、刘少奇、周恩来、朱德、陈云、林彪、邓小平、彭真、彭德怀、陈毅、王稼祥等，都一同到机场迎接。

毛泽东和赫鲁晓夫一共进行了四次会谈，关于联合舰队、长波电台、中东事件、核武器试验等等，进行了广泛的交流。

225

毛泽东根本不买赫鲁晓夫的账，对赫鲁晓夫想在中国建长波电台、和中国组建联合舰队的想法一口否决，甚至愤然起身拍起了桌子……赫鲁晓夫对毛泽东所表现出来的敏感反应明显缺乏足够的估计，涨红了脸，有点张口结舌，充分领教了毛泽东的厉害。事后，赫鲁晓夫竟然说毛泽东是一只"好斗的公鸡""忘恩负义"。①

真是话不投机半句多。

尽管四次会谈每次都发生很多不愉快的争吵，但是毛泽东还是在北京设宴盛情款待了赫鲁晓夫一行。宴会上的气氛还是很愉快的，大家轮流敬酒，谈笑风生，激烈的争吵仿佛已经全然忘记。

不知不觉谈话又扯到了中国共产党过去艰苦卓绝的战争。"毛泽东同志请你说一说，在那么困难的条件下，你用的是什么战略战术？"赫鲁晓夫半开玩笑地问毛泽东，很显然他在努力营造一种轻松愉快的氛围。

"这个嘛，很简单。"毛泽东当然明白赫鲁晓夫的用意，一边说着一边把筷子伸向一只滑溜溜的海参。他夹起一块海参，说，"你瞧，这个滑溜溜的家伙在我的手里，我把它送进嘴里，它就只有一条出路，被我的牙齿咀嚼，同我的唾液混在一起，进入胃肠，被我消化。"

这时，布尔加宁提议："来一杯茅台酒提提神怎么样？"中

---

① 刘万镇、李庆贵主编：《毛泽东国际交往录》，中共党史出版社2003年1月版，第200页。

毛泽东与赫鲁晓夫在餐桌上

国的茅台酒获得苏联朋友的极大喜爱，于是大家共同举杯，把这种能够点燃的烈酒一饮而尽。毛泽东接着谈他的战略战术："好，这块海参经过咀嚼，已经吞进肚里了，没有问题了，于是我又看上了第二块海参，这块更大一点，躺在盘子里很馋人，我现在把它夹起来，瞧，就像眼前这样子。但是，我并不忙着把它放进嘴里，我要先把它夹住，悬在空中，让别人看看我的力量，然后我再去物色第三块能激起食欲的海参……"

毛泽东用吃海参阐释着他的"各个击破"的战略战术。其实，毛泽东的这个比喻来自刘伯承。1952年10月28日，许世友陪毛泽东在徐州视察，说到淮海战役的时候毛泽东说："但是，我们也一口吞不下杜聿明集团啊！必须一口一口地吃，一个一个地歼灭。刘伯承有一个形象的比喻：这好比胃口很好的人上酒席，吃一个，夹一个，看一个。然后，集中优势兵力，分几个作战阶段逐次歼灭了各股敌人……"① 在赫鲁晓夫面前毛泽东把刘伯承的比喻变得更加生动有趣了，这种形象的比喻吊起了苏联人的兴趣。

"接下去又怎么样呢?"一直没有说话的米高扬突然发问。

"关于第三块海参嘛，咱们就该商量商量喽!"

毛泽东却戛然而止，结束了这个话题。

"让咱们为这个战略干杯!"布尔加宁提议。不等别人响应，他已经又干了一杯。不久，在酒精的作用下，他的身体便燥热起来，上了浆的领口紧紧地勒着脖子，油光发亮的脖颈上留下一圈红印。

大家一杯接着一杯地喝着，同时不断提出新的敬酒理由，虽然说不上酒逢知己，但是大家都尽可能努力忘记几天以来的不愉快。

"我看，我们应该为苏联朋友访问中国的历史古城北京而干一杯嘛! 这是一件有意义的事啊!"周恩来举杯向大家建议，他是大家公认的酒神，提议没有人反对，只有一人弃权，那就是赫鲁晓夫。他虽然滴酒不沾，但却热烈拥护周恩来的建议。大家再一次一饮而尽。

"我们是否应该对共产主义红色的党表表忠心呢?"毛泽东指着手边的一小盘红辣椒挑战地说。"在党组织的周围不能没有色彩、没有刺激啊! 作为红辣椒的忠实信徒，我要问问同志

---

① 张奎明、李光全主编:《毛泽东与山东》，中央文献出版社2003年11月版，第49页。

们，谁愿意加入我的红辣椒党啊?"毛泽东环顾四座。

翻译向苏联朋友转达了毛泽东的挑战。布尔加宁率先响应，痛痛快快地把一个尖辣椒塞进嘴里。他以为东道主吃的是甜辣椒呢，谁知道一个红辣椒惊倒四座，差点没让他背过气去。他连咳带呛，涕泪交流，连话也说不出来，勉强吐出一句"我们……上当了……"

"红辣椒这么厉害?"赫鲁晓夫嚷嚷道，"我们吃过这苦头，当年的扎波洛什人就是这么收拾我们的!"

"我们也得给点厉害瞧瞧。"布尔加宁在烈酒的推动下有点兴奋地说。

毛泽东说:"凡是吞下一个红辣椒后安然无恙的人，可以建起一个志同道合的党。"接着，毛泽东又讲了在长征中红军用茅台酒治好伤口的故事。客人们听得津津有味。

"在各种故事中，我最喜欢听这一类奇闻趣事，让我们再干一杯。"又是布尔加宁的提议。

于是大家再次碰杯，这是告别前的最后一次聚会、最后一次碰杯，从此中苏就分道扬镳了。①

---

① 李越然:《毛泽东宴请赫鲁晓夫》，2011年第1期《老年教育》，第8页。

★

新立村视察水稻田
毛泽东被困正阳春

★

1958年 8月4日0时20分，毛泽东乘专列离开北京
外出考察。8月10日到达天津，13日毛泽
东到天津新立村参观稻田。

新立村不知怎么想出了一些"增产高招"，他们竟然用电
灯为水稻照明、用鼓风机朝水稻田吹风，说这样可以增产，当
地领导干部和社干部向毛泽东吹嘘得神乎其神、煞有介事：
"亩产十万斤。"

毛泽东在韶山冲里是种过地的，他摇着头，不相信地说：
"不可能的事。"

他指着一位领导干部说："你没种过地。这不是放卫星，
是放大炮。"

毛泽东在天津郊区视察

　　然而有人却用"科学原理"解释他们这些高招，说这是"可能"的，对毛泽东说："为了增加照明，我们用电灯为水稻照明，实行密植，用鼓风机吹风，亩产十万，是有根据的。"

　　毛泽东依然边走边摇头，对他说："吹牛，靠不住！我是种过地的。亩产十万斤？堆也堆不起来！"

　　毛泽东不相信，有人为证明亩产十万斤完全是真的，又让几个小孩子往早几日连夜移栽过来的"密植"水稻上站上去。毛泽东虽然亲眼所见，还是摇头，并且说："娃娃，不要上去。站得越高，跌得越重。"

　　从新立村参观回来后，河北省省长刘子厚和天津市市长李耕涛陪同毛泽东等人，驱车到南开大学去看校办工厂。

　　毛泽东一出现在校园，师生们立刻轰动了。校园里人头攒动，掌声、欢呼声震耳欲聋，人越聚越多。这时候，一方面"大跃进"极大地振奋了人们"战天斗地"的革命精神，另一方面各地人民对毛泽东的热爱和信任已开始转化为崇拜。

毛泽东等人看完校办工厂后，因为人太多已无法离开。李银桥立即和天津市警卫处处长李侃商量，调动随行的一辆华沙小轿车过来。车一到，李银桥马上请毛泽东上车。

华沙小轿车体积很小，而毛泽东身材魁梧，平时坐不进去。这次警卫员们急了，硬是用力把他"挤"进车里。小汽车立即启动，从人群里开出来后，又开到天津大学。

在这里，毛泽东又参观了天大的校办工厂。

参观结束时已是中午。毛泽东和学生们谈得很尽兴，兴致很高地说："我们去吃饭馆吧！"于是，李银桥等人随他驱车来到了天津市和平区沈阳道的正阳春鸭子楼，安排毛泽东吃烤鸭。

毛泽东走进饭店先到厨房看望厨房里的大师傅。毛泽东问大家："有没有休息时间，每月挣多少工资？"一个大师傅回答："每星期能得到适当休息，每月的工资六七十元，生活过得蛮好。"毛泽东微笑着和大家握手，然后来到楼上餐厅。

毛泽东吃饭很快，速战速决。结果，别人没吃完，他就先吃完了。撂下碗筷，他站起身，在楼上走动着，时而向窗口观望一下。

这一眼望不要紧，谁知当即引出一场大麻烦。

正阳春是栋两层楼的饭馆，饭馆对面是一幢住宅楼，住宅楼的走廊里恰好有一位妇女在晾衣服。两栋楼之间的距离很近，那位妇女一下子就认出了毛泽东，想都没想，她立刻脱口响亮地喊出了一声："毛主席！毛主席万岁！"

这喊声就像一声惊雷，把整个天津城都给震动了。刹那间，人群像潮水一般从四面八方涌来，很快就"包围"了正阳春鸭子楼。所有的人都在拥挤着、欢呼着，越聚越多，堵满了路口，接着挤满了好几条街道。李银桥等人一眼望去，到处都是密密麻麻的人，交通也陷于瘫痪了。因为连交警也想看一眼毛泽东，弃岗加入了拥挤的人流之中。

这样的场面，让随同的警卫员和刘子厚等人着急了：毛泽东根本没法下楼了。楼外的群众欢呼"毛主席万岁"的声音一浪高过一浪。毛泽东坐不住了，前后六次打开窗子向群众招手致意，并且高呼："人民万岁！"

结果，毛泽东越喊，群众越高兴，以更高的热情高喊："毛主席万岁！"呼喊声一浪高过一浪。

最后，毛泽东完全被困在正阳楼上。他在呼喊过"人民万岁"的口号之后，不得不向群众招手喊话，想叫群众散开。可是根本不行，他越喊，想看一看他的人越多，拥挤得越厉害。结果，他们从中午12点多，一直被困到下午5点多，无法"突围"。

汪东兴说："群众的欢呼声经久不息，看来出不去了。"

张耀祠说："没办法，只好采取在南开大学用的老办法，把华沙牌小汽车想办法开过来。"

于是，天津警备区派出一个排的精壮小伙子，从外面"打"进来接应。部分战士在前面奋力开路，部分战士从后面推车，硬是将一辆华沙牌小汽车从人群中一步步推过来，推到正阳春鸭子楼门口。

李银桥、李家骥等卫士一见，立即说："走。"就和其他警卫人员前呼后拥，护着毛泽东下楼，再次将他"挤"入华沙小轿车。然后，一中队前面派人开路，后面派人推车，左右用人卫护，一步一步硬是将小汽车推出人群。

在车上，毛泽东还不时向外面的群众招手，对李银桥等人只讲了一句话："又是一次下不了的黄鹤楼噢！"

这次他们被"围困"在正阳楼达六个多小时，用李银桥的话说："当年打仗还没这么被围困过，差点当了天津人民的'俘虏'。"

事后，有人告诉李银桥说："主席走后，我们派人清扫现场，鞋帽和钢笔手表收了七筐半。"

手表是当时比较贵重的东西，当李银桥把"七筐半"的事告诉毛泽东时，毛泽东立即问道："群众没挤伤吧?"

"没有。"

毛泽东放心了，笑着说："手表是宝贝啊，为了见我一面，把它丢了可划不来呀！"

李银桥忍不住感叹说："天津群众对主席的感情可见一斑。"①

---

① 吴晓梅著：《毛泽东视察全国纪实》，湖南文艺出版社1999年9月版，第182~187页。

毛泽东走进大餐厅
李银桥安排油炒饭

1958年 8月，中央政治局北戴河会议之后，毛泽东陆续到湖北、安徽、江苏、上海视察。1958年9月19日傍晚，毛泽东离开合肥抵达芜湖。

毛泽东离开合肥时还有一个非常动人的场面，值得一提。那一天，毛泽东是乘敞篷车离开合肥的，二十万合肥市民夹道欢送毛泽东。这是毛泽东第一次也是唯一一次视察途中乘敞篷车大规模接见市民。两部嘎斯军用敞篷检阅车是特地从南京军区借来的，用敞篷车也是为了使合肥人民更清楚地一睹领袖风采。

那天下午，合肥本来一直下着蒙蒙秋雨，14点15分左右，仿佛是为了迎接毛泽东的出现，忽然雨过天晴，灿烂的阳光透过薄云洒向大地。此时，毛泽东由曾希圣陪同乘着一辆绿色苏式"嘎斯69"敞篷汽车，从稻香楼出发，沿着金寨路、长江路、胜利路前往合肥火车站。公安部部长罗瑞卿陪同张治中乘另一辆敞篷车随后，而郑锐与刘征田、邢浩乘一辆吉普车为前导。

五公里的路程，检阅车行走了半个多小时才到火车站。毛泽东一直站在汽车上，红光满面，笑容慈祥，对着人们频频挥手。沿途二十多万人幸福地见到了毛主席，成千上万的人兴奋地流下了幸福的泪水。"毛主席万岁!"这发自肺腑的欢呼，响彻十里长街。

……

毛泽东和处于极度兴奋中的合肥市民告别后走进合肥火车站，很多群众依依不舍地跟着拥进站台，挤到专列车厢旁。毛泽东几次从车厢里走出来向大家挥手致意，每一次露面，都激起一片更热烈的掌声。随着火车的鸣笛声，下午3点左右，载着毛泽东的专列缓缓驶离合肥站，向芜湖进发。

17点30分，在蒙蒙细雨中毛泽东抵达芜湖，在芜湖铁山宾馆的烟岚楼下榻。铁山宾馆位于芜湖市中心著名的风景区赭山之麓，馆内秀木扶疏，修竹雅致，花草奇异，彩蝶翩翩，岗丘环拱，曲径通幽，一派"采菊东篱下，悠然见南山"的田园风光。烟岚楼就坐落在赭山之麓的半山坡上，欧式建筑，建于1915年，早期曾是一座私人官邸，是铁山宾馆条件最好的一栋楼。

目前这座烟岚楼还一直对外开放着，迎接人们的观览。进楼左拐，一个醒目的指示牌随即映入眼帘："2105—2101 房，毛泽东主席 1958 年 9 月 19 日至 20 日在此下榻。"这是铁山宾馆最值得炫耀的一段历史。透过烟岚楼 2105 房间的窗户，你会见到，对面一棵紫藤如苍龙盘柱，又像烟花绽放，绚烂无比。

晚饭早已经准备好了，服务员来请毛泽东去一个特别为他精心布置的小餐厅用餐。毛泽东问："那其他同志在哪里吃？"服务员回答说："在大厅里。"毛泽东立刻说："那我也到大餐厅里吃！"毛泽东说完就向外面走去。服务员小王没有一点思想准备，急忙撑起一把雨伞跟了出去。可是，毛泽东身材太高大，瘦小的小王踮起脚才能把伞撑到足够高。毛泽东回头一看，笑了起来，"我自己来！"说着接过小王手里的雨伞自己撑着，径直向大餐厅走去。

大餐厅里的服务人员已经得到了毛泽东要到大餐厅来吃饭的消息，一下子紧张起来。大餐厅平时有一百多人用餐，桌子、板凳都是木头的，连块台布都没有。大家赶紧摆放桌子、碗筷，还找了张白色的台布。

毛泽东刚刚走到大餐厅门口，就听里面有人突然高声喊了起来："毛主席来了！"大餐厅里立刻热闹起来，里面的服务员、吃饭的都没有思想准备，毛泽东的突然莅临让众人一下子愣住了，大家茫然不知所措。更加令大家吃惊的是，毛泽东像一个普通旅客一样，在大家呆立在那里的时候，很随便地找了一张桌子就坐下了，根本没往那张铺了台布的桌子跟前去。

毛泽东来得突然，宾馆领导事先根本没想到会有这样的场面，都在小餐厅里等着呢。大餐厅里谁都不知道该怎么办，一时竟然没有人出面来应对这个突然事件，忙乱之中发生了很多有趣的故事。

先是筷子出了问题。当时餐厅里准备的是象牙筷子，张治中说："象牙筷子好，可以试毒，但主席不喜欢，说'两头忙'好。"宾馆厨师听完愣住了，还有什么比象牙筷子更好的呢？宾馆的厨师根本不知道"两头忙"就是平时那种两头圆的毛竹筷子。幸好，厨师看到了李银桥的暗示，从旁边桌上的筷子筒里拿了四双"两头忙"。

接着又是勺子出了问题。

面对目瞪口呆的人们，毛泽东很随意地向大家打着招呼："开饭了，来来来，坐坐坐！"这时，随行的罗瑞卿、张治中以及省市负责人也都坐到了毛泽东的餐桌边。毛泽东再一次招呼大家坐下来用餐。说完，也不管别人的反应，自己拿着饭碗就走向饭桶去盛饭。这时也许是宾馆的领导来到了大餐厅，也许是大家忽然回过神来了，人们纷纷抢着去接毛泽东的饭碗，为毛泽东盛饭。毛泽东却毋庸置疑地把大手一挥，说："不要，自己来。"他刚要盛饭，却发现饭桶里并没有饭勺。这一下，人们有点慌乱了，原来人们只顾在那里呆呆地看着他，竟然忘记自己该做什么了。毛泽东从容不迫，只好从另一张桌子上拿起一把长柄汤勺，笑着对大家说："这个不是能盛饭吗？"毛泽东的幽默引起一片笑声，缓解了人们的紧张情绪。

大餐厅里的晚餐按照卫士长的要求，只搞了"四菜一汤，有冬瓜蘑菇开洋汤、熘仔鸡、炸牛排、萝卜红烧肉，还有个青菜腰花。吃饭前，李银桥问有没有辣子。那时候已经九月份了，不像现在有反季节蔬菜，大家只好慌忙去找，有个厨子自己爱吃辣椒，腌制了一罐，只好临时拿出来一些端了上来。服务人员向毛泽东介绍："这是我们本地的辣椒，叫灯笼椒。"毛泽东很有兴致地夹起一只辣椒，咬了一口，然后笑着对同桌的人们说："凡事都不能看外表。这个辣椒从外表看起来很大，其实中间是空的。别人以为它一定辣得厉害，可是实际上却一点不辣。我们湖南的辣椒虽小，却辣得很。"

……

整个用餐过程中，毛泽东同大家边吃边谈，欢声笑语不断，餐厅里一直洋溢着欢快的气氛。

毛泽东在铁山宾馆一共用餐两次，都有故事。在工作人员的印象中，有一个特别值得一提的细节，让工作人员非常感动。后来工作人员说："其实不仅仅是早餐，毛泽东的饮食非常简单，不要酒，不要饮料，不要一丁点儿山珍海味，甚至远不如现在的四菜一汤。"

当时的芜湖，正值螃蟹上市，本来厨师为毛泽东准备了很丰盛的早餐，有蟹黄包，还准备了红烧肉、小笼汤包、油炸臭干子。但是，不知道这些东西是否符合毛泽东的口味，所以宾馆的大师傅们专门询问了毛泽东的卫士长李银桥。李银桥听后摇了摇头，说："给他炒一碗油炒饭，再弄点辣椒就行了。"考虑到毛泽东工作操劳了大半夜，大师傅在炒饭时，打了两只鸡蛋，才使油炒饭变成了蛋炒饭。

第二天早上6点多，毛泽东起床了，他在外面散步片刻，在两个小卫士的房间里简单吃了早餐，于当天9点多钟离开了铁山宾馆。①

_____

① 黄梅：《50年前的今天毛泽东来芜湖》，2009年4月28日《大江晚报》。

邹春培调侃牛皮菜
毛泽东钟情马齿苋

1959年 6月，全国正在紧锣密鼓地筹备庆祝新中国成立十周年活动，这期间党中央和毛泽东正在考虑召开庐山会议，准备在全党解决纠正"左"倾错误的问题。为了做到心中有数，毛泽东决定庐山会议之前到南方走一圈，进行一次实地调查研究。

1959年6月23日早晨6时，毛泽东抵达武汉，下榻东湖客舍。下午，在王任重陪同下畅游了长江。游长江后，毛泽东在船上同王任重谈话，谈读书、想问题，还聊到当前的形势和任务。谈话过程中，晚饭的时间到了，毛泽东留王任重共进晚餐。

当晚六菜一汤：炒鳝片、烧萝卜、炒马齿苋、炒鸡蛋、铁板里脊、炒海带、肉片汤。

毛泽东留客人吃饭的情况并不多，尤其是党内同志。但是这次对王任重却非常热情，还为王任重夹菜，夹的是一大筷子马齿苋。毛泽东一边夹菜一边如数家珍地对王任重说："不要小看这道菜，它还是一味很好的中药，可以清热除湿呢。长沙人说，'六月马齿苋胜过鸡'。"

毛泽东对马齿苋情有独钟，在毛泽东的日常菜谱中，马齿苋作为常备菜经常被摆上餐桌，可见，毛泽东对马齿苋是颇为喜爱的。但是用这道菜招待客人，这是有记录的唯一一次。

毛泽东既然愿意吃这道菜，为什么不人工种植一些呢？于是，负责毛泽东日常生活起居的同志便主动与京郊的农场联系，为解决毛泽东的不时之需，要求农场每年种植一定数量的马齿苋。在1967年5月13日中南海《对农场种植计划的要求》一文中，马齿苋被列入"重点保证供应的蔬菜"，其中有这样的记录："常年供应，肥嫩，没有籽。"这样，毛泽东就能随时吃到这种山野菜了。

关于马齿苋，在毛泽东于韶山读书期间就发生过一个有趣的故事。

毛泽东从小就具有反抗精神，在家乡韶山南岸邹春培先生的私塾里读书时，对邹先生体罚学生的做法非常反感。有一次，邹先生无理责打了一个学生，毛泽东非常气愤，便采取了逃学罢课和离家出走的方式来表示自己的反抗。家里人把他找回来后，他以为一定要挨父亲打骂，谁知严厉的父亲并没有责打他，而且还稍微体谅了他的行为。父亲毛顺生望子成龙心切，只叫他到邹先生那里道歉，然后继续在那里读书。毛泽东不肯去，理由是："我要找一个不打人的私塾上学！"在父母苦口婆心的劝说下，毛泽东才勉强答应了。毛顺生带着儿子来到南岸，向邹春培先生赔不是，请先生继续收儿子读书。邹先生虽然不情愿地留下了毛泽东，可是对毛泽东的"反抗"却耿耿于怀，就想煞煞他的锐气。

一天放学后，邹先生随意把毛泽东带到一畦菜地边，扯下一茎牛皮菜，让毛泽东带回家去，并交代："明天一早来上学，必须还找一茎与牛皮菜能'对仗'的菜。"毛泽东明白了先生的用意：他是想以此来讽刺和挖苦自己说大话、吹牛皮、华而不实。

"老师等一会儿，"毛泽东叫住向前走去的邹先生，随即从路边扯出一株马齿苋，交给老师。

一向苛刻、古板的邹先生接过马齿苋，不由得赞叹道："牛皮菜"对"马齿苋"，牛马相对，对得好，对得好！"[1]从此，邹先生也改变了对待毛泽东的态度。

马齿苋这个名字听起来挺文雅的，其实在韶山人们嘴里它不叫马齿苋，人们都称它为"马屎苋"，即使在餐桌上人们也毫不避讳，因为这种野生植物在马屎堆里生长得极为茂盛，因而得了这么一个不甚文雅的名字，但是并不影响它成为餐桌上的一道美味。

---

① 杜忠明著：《毛泽东对联赏析》，中央文献出版社 2005 年 1 月版，第 13 页。

马齿苋，又名酱板菜，马齿苋科。一年生肉质草本，通常匍匐，无毛。茎为紫色，叶对生，倒卵状楔形。夏季开花，花小型，黄色。果圆锥形盖裂。全国各地普遍野生，韶山四处可见。味辛，有药用价值。当地乡亲多采用腌制方法做成小菜，也可直接做成蔬菜食用。

韶山民间食用马齿苋的习俗由来已久，韶山的大小集市上都能见到这种野菜。但是韶山人很少炒来吃，一般是晾干切碎之后腌制成酸菜食用。韶山的老人们甚至说，只有旧社会那些每天没菜吃的人才把马齿苋当时鲜蔬菜食用。

然而，毛泽东则更愿意吃新鲜的马齿苋，对马齿苋感情颇深，吃马齿苋的记录不胜枚举。他不仅自己吃，而且还劝江青也吃："马齿苋既可做菜，又可入药，对身体大有好处呢。"1966年6月间，他在韶山滴水洞居住时，正值农历五月，当地马齿苋生长不茂盛，需要四处找寻。工作人员知道毛泽东喜欢吃这种野菜后，便分头寻找，终于采到了一些，同时还在河里捞了几条鲫鱼。毛泽东吃完这顿饭后说："这餐饭吃得很香，还是家乡的菜好吃！"

1967年12月26日中午12点左右，毛泽东和八名工作人员在书房里度过他的七十四岁生日。炊事员端来了一盘马齿苋，毛泽东首先吃了一口，又用筷子指了指，意味深长地说："这种野菜过去用它充饥，现在有的人都不吃了。我认为这是一种好菜，吃着它就不会忘记过去。"护士长吴旭君激动地说："像我们这样和领袖在一起吃饭，历史上还是没有过的。"毛泽东听了这句话，先指着自己的袖口给工作人员说："我不过是一个小小的袖子。"然后又提了提衣领说："提起领子袖子才动，党才是领袖。"①

......

毛泽东愿意吃马齿苋令保健人员颇为不安，因为这种野菜到底对人体有什么影响，人们并没有详尽的了解。于是，保健人员偷偷地拿了一些马齿苋请有关部门化验，并认真查询了中草药典籍，对马齿苋进行了从未有过的详尽了解，这之后才放心大胆地给毛泽东食用。②

邹春培调侃牛皮菜　毛泽东钟情马齿苋

---

① 吴连登主编：《毛泽东饮食趣谈》，中央文献出版社2012年4月版，第222页。

② 顾奎琴主编：《毛泽东保健饮食生活》，广东人民出版社2003年10月版，第128页。

回韶山毛泽东请客
座谈会毛顺清诉苦

1959年 6月25日上午，毛泽东乘专列从长沙到湘潭，在车站接见了早已在那里迎候的湘潭地委书记王治国等人，同他们简单交谈了一阵子。下午，毛泽东换乘一辆灰色吉姆轿车，在罗瑞卿、王任重和周小舟陪同下，直奔韶山而去。毛泽东的《七律·到韶山》就是这次回韶山作的。这是毛泽东1927年离开韶山之后的第一次故园之行，诗里面有一句"故园三十二年前"，毛泽东已经离开韶山三十二年了。

刚一下车，毛泽东就对韶山公社书记毛继生说："我离开韶山几十年哒，冲里五十岁以上的人都认识我，一讲起名字，我也认得他们。我要去看看他们，还要请他们吃饭。"毛泽东

毛泽东手迹《七律·到韶山》

一边扳着指头一边说："一是我的戚族——老表、堂兄弟，二是韶山冲的烈属、军属，三是老地下党员，四是农民协会老自卫队员。"

毛继生仔细听着，将毛泽东念下的名单一一记录下来，递给毛泽东过目。

毛泽东仔细看过之后，大致数了数，有四十余人。点头说："要得，明天晚上，请他们来吃饭。"

毛泽东严格要求自己，这次请客是用他自己的稿费买单，从来都是如此，毛泽东从来不给下面增加负担。

他的堂兄留着白胡子的毛宇居早已经候在宾馆门口了，毛泽东和他亲切握手。毛新梅烈士的遗孀沈素华在孙子的搀扶下走到毛泽东跟前，一时悲喜交加，泪如雨下，不知说什么好。毛泽东安慰着："新梅为人民做了很多事情，他死得光荣，你不要难过……"

被邀请的亲属、师友、烈属、老赤卫队员、老地下党员都到齐了，宴会厅里热闹非凡。根据原始记录，6月26日晚宴一共安排了八桌，菜谱如下：

菜肴：杂烩、木耳炒鸡、回锅肉、炒鸡杂、烧鲜鱼、烧丝瓜、炒豆角、排骨、香肠、咸蛋、卤味。

汤：菜心汤。

主食：米饭、稀饭、卷子。①

毛泽东从座位上站起来，笑眯眯的，又像是自言自语："今天都到齐了，就只我干娘还没来。"

大家一时糊涂了：主席还有干娘？干娘是谁呢？

毛泽东又说："算啦，我们不等啦。她老人家是等不来，也走不动的。大家吃吧。"

听了毛泽东的话，有些老人明白了，原来主席是开玩笑呢，他说的干娘是小时候拜石头干娘的事，但是也有人却蒙在鼓里。

毛泽东举起酒杯说："我离开韶山几十年了，今天请大家来吃餐便饭，敬大家一杯酒。"一边说，一边离开座位，走到众乡亲面前一一给大家敬酒。乡亲们也都站起来，把酒喝干后坐下。这些没见过大世面的乡亲，跟毛泽东又是三十多年未见，不免有些拘谨，都不太敢放肆地动筷子。

毛泽东见大家不敢夹菜，便说："大家随便吃，愿意喝酒的喝酒，愿意吃饭的吃饭，菜尽管吃，我们都是一家人。"

毛泽东见大家还是拘谨，就给大家讲了一个故事。他说，古时候有个皇帝，很威严，老百姓都怕他。他有一个朋友，当县官，过去和他关系很亲密。县官和一个老百姓去京城见皇

---

① 顾奎琴主编：《毛泽东保健饮食生活》，广东人民出版社2003年10月版，第136~137页。

帝，见了皇帝就胆战心惊，吃饭的时候也不敢端碗，手抖得厉害。

毛泽东讲完，问大家这个皇帝是谁，那个县官和老百姓又是谁，是哪个朝代的，没有人能够回答出来。大家只把这故事记在心里，谁也没有去研究考证是否确有其事。毛泽东讲故事的目的，无非是想打消人们的顾虑，放开心事喝酒吃饭。

毛泽东的故事讲完了，大家也逐渐放松了一些，于是拿起筷子飞快地吃起来。毛泽东又发现大家吃得太快，连忙说："慢点吃，慢点吃，还有菜，筵席延席嘛！"

说完，毛泽东又走到别的餐桌上去给乡亲们敬酒。

一位乡亲对毛泽东说："主席，我们已经喝过酒了，现在该吃饭了。"按照韶山的风俗，一般是饭前喝酒，饭中和饭后便不再喝酒，否则是有失体面的。

"喝了酒可以继续吃饭，吃了饭也可以继续喝酒，要打破常规嘛！"毛泽东风趣地说。

屋子里发出一阵欢快的笑声。

进餐中，有人一直惦记着毛泽东的干娘是谁。一个小姑娘走到毛泽东身边，天真地问："主席公公，你的干娘是谁？"

"我的干娘是那山上的石头，我是她的孩子。你又是谁的孩子呢？"毛泽东开心地逗着小女孩。

小女孩认真地告诉毛泽东："我是我妈妈的孩子。"

一老一少的对答，引起了哄堂大笑。

……

乡亲们饱尝佳肴，饱饮佳酿。有的喝醉了，有的吃饭吃得过饱或过快，喉咙里不停地打饱嗝，有的刚吃完就跑到外面聊天去了。毛泽东把这一切看在眼里，表面上十分高兴，内心里却不是滋味。乡亲们的生活太穷了、太苦了。

散席后，毛泽东同大家合影留念，并留下一些年老的乡亲开座谈会。毛泽东对大家说："我离开韶山三十多年了，难得回来一次，今天请大家来，就是想听听各位的意见。你们对当地政府有什么看法和意见，对生产和生活安排有什么意见和建议，甚至对我本人有什么意见，请尽量提，放心讲，不要有顾虑。"

开始大家不敢说，因为给队干部提意见都要挨批评，如果给毛主席提意见，这不是触犯"龙颜"吗？所以，大家假装客气地说："我们搭帮共产党、毛主席翻了身，还有什么意见？"毛泽东看在眼里，忧在心里，然后启发大家说："对生产、生活，如插双季稻、办公共食堂，总有点意见吧！有意见尽管提，不要有顾虑。"

这也难怪，这些老人不是不想和自己的领袖说实话，可是那个年代浮夸之风日盛，全国都在唱高调，眼下省、地、县、公社领导都在场，谁要是说了真话，毛主席走了之后，这些领导来个秋后算账，自己会怎么样呢？每一个人都有顾虑。

毛泽东猜透了大家的心思，他想了想，认真地说："我不回，你们盼我回。今天回来了，你们又不同我说真话！"

毛泽东的激将法果然奏效了。这时，心直口快的毛顺清老人顺着毛泽东的话开口了："意见是有，如今讲不得哩！讲真话就要挨批斗。"毛泽东给大家壮胆说："我保险，哪个敢？"

有了"尚方宝剑"，加上喝了点小酒，毛顺清的话匣子打开了："原先种田要过铁板（犁），禾要过脚板（踩田）。您老人家原先在家作田的时候，咯大一蔸的禾（用双手比圈），一脚踩到底，担谷八斗米（一担谷可碾出八斗米）。现在插板口寸，产量倒少了。听说是您老人家要咯样搞的，我们没得办法。你到底是怎么讲的呢？"

"我冇得这样搞。"毛泽东说，"今天下午在田边，我还同大家商量如何合理密植的问题。"毛顺清说："密植密植，越插越密，没得个边。如今的生产，简直就是瞎搞。"

"我还同大家开了个玩笑，说干部是主张越密越好的，青年是听梆子响的，老年是反对密植的，我是主张合理密植的。我建议三者订个合同，来一个三结合，你们说我这个建议好不好呢？"毛泽东问。

大家异口同声地回答："好！"毛泽东又说："我那'六条'你们晓得吗？"毛泽东说的"六条"，是指1959年4月29日他起草的《党内通讯六条》，其中讲到包产不要太高，密植不要太密。

毛顺清说："那六条韶山咯里还晓得。听说湘乡那边就不准念，您老人家的政策到了下边就变卦。""下面变卦，你们就往上告嘛。"毛泽东有点生气地说。

毛顺清点点头说："我还想讲一点，主席呀，食堂粮食硬是少了点，要吃两斤米一天才行。""你能不能多种点蔬菜？蔬菜半年粮嘛！"毛顺清进一步说："集体出工，都吃食堂，自己种蔬菜，就是走资本主义。是要挨批斗的，谁敢种蔬菜？"

毛顺清还想继续发牢骚，却被另一个老人打断了："你歇歇气，让我们也讲几句。""韶山过去粮食比较足，山上种玉米、红薯和经济作物。可现在不种了，因为大家都上山炼钢铁去了。"一个老人说，"现存农民粮食不够，还要交各种各样的'粮'，征粮、购粮、爱国粮……剩下的就不多了，好多人连饭都吃不上！基层干部却瞎指挥横扮蛮。不交粮或交不起，要打人骂人。主席，要是您不回来，我们都快饿死了呀！"

听到这里，毛泽东显然动怒了，脸上立刻收敛了笑容，但仍示意要乡亲们讲下去。这时，一个叫毛玉生的抢先说："我也讲几句，去年以来，浮夸风严重，说亩产十二万斤，十几万斤，土要深翻几尺，我们不同意，就说我们是'老保守'。如今对老年人太不尊重了。"

此时，毛泽东非常生气了，对坐在身边的一位负责人说："你们向党中央汇假报，欺骗党，对人民不负责任，这是告你们的状！"坐在一旁的湖北省委第一书记王任重插话说："亩产一万斤，毛主席不相信。去年11月主席到湖北视察工作时，一个县委书记汇报说：'有的高产田，亩产一万斤稻谷。'毛主席就摇头说：'我不相信。'他们还说是农村工作部部长验收的。毛主席还是不相信，说：'验收的也靠不住，除非派解放军站岗放哨，单收单打，才能算数。'"

乡亲们听说毛主席不相信，还批评汇报假信息的，心里比较安慰，继续提意见。毛顺清说："现在吃食堂，搞集中，男男女女要分开住。历来是各家各户，夫妻一起住，互相照顾，现在男女分开，像个什么世道？"

毛泽东说："办食堂是不符合实际的，将来要停办。夫妻不能分，一家人要住在一起，要使群众满意。"又说："你们的意见提得好。像这样的话，只有在家乡才能听到。"并指着刚才发言的两位老人说："你们讲得好！你们是老积极分子，我要和你们单独照个相。"摄影师拍下了他和两位老人喜笑颜开的镜头。

照相后，毛泽东说："乡亲们，你们提的意见是对党的热爱，对政府的支持，希望你们今后多提意见，大胆讲，我们会尽量采纳的。回到北京后，中央要开会，好好研究，向全国下个文，统一解决食堂问题。"

第二天下午，毛泽东在乡亲们的依依不舍中离开了阔别三十二年的故乡韶山回到长沙，与罗瑞卿、王任重、周小舟、周惠等一道经武汉赴庐山开会。韶山一行使毛泽东意识到人民公社大食堂可能行不通，在经历了一年半时间的苦难生活之后，自 1961 年 5 月开始，人民公社的大食堂在全国各地逐步解散。①

① 李琦编著：《毛泽东与联系群众》，中央文献出版社 2004 年 9 月版，第 239~245 页。

★

毛泽东故地重游
杨舜琴旧事重提

★

上一节说到，毛泽东1959年6月回了一次韶山，并于6月26日安排了晚宴，一共安排了八桌，毛泽东掰着手指回忆，应该说该想到的都想到了，但是百密一疏，还是落下了一个人，这人就是韶山的一位名医杨舜琴。因为读过几天孔夫子的书，所以毛泽东称他为儒医。早年在毛泽东的帮助下参加革命，加入了共产党。马日事变后脱离革命队伍，一直在乡间行医。年轻时曾为毛泽东治病，解放后毛泽东曾邀请他进京做客，因疾病在身未能成行。

这位儒医为了一位朋友的事情与毛泽东有过几次书信往来。

第二天毛泽东突然想起了这位老朋友，马上安排人去请。

毛泽东回韶山请客，整个韶山没有人不知道，杨舜琴当然知道，也知道毛泽东请了一些老人，一起聊天、一同进餐，自己没有被请，心里正不是滋味呢。就在这个时候，毛泽东派来请他的人进屋了，杨舜琴措手不及，急忙穿上自己的礼服跟着走了。

毛泽东非常高兴地在门口等待着这位儒医。毛泽东热情地迎过去，说："舜老！"杨舜琴也急忙奔毛泽东走过来："润之主席！"两个人拉手走进了室内。

6月的湖南已经很热了，杨舜琴穿着厚厚的礼服满头是汗。毛泽东关心地说："舜老您干吗穿这么厚的衣服呀，会捂出病来的。快脱了！"

杨舜琴赧然地说："古云：服之不衷，身之灾也。我来看您，穿得不当，虽不至于招祸，也不太恭敬啊！"

毛泽东笑道："舜老您太拘礼了，当年我去您家，穿着蓝长衫。一进门您就说，请宽衣，还帮我把蓝长衫挂在衣架上。出门时您又不厌其烦地取下衣衫，送到我手里。那时我们都穿马褂，一起谈诗谈医学，今天您到我这里来，就都随便些吧！"

于是，杨舜琴只好脱下了制服。毛泽东伸手要接过去给他挂起来，杨舜琴抱在手里怎么也不肯，还是自己把它挂在了墙上。

中午，毛泽东宴请杨舜琴和昨天没有参加宴请的几位亲友。杨舜琴紧挨着毛泽东坐在他的右侧。毛泽东夹了一块清蒸鱼，敬给杨舜琴，说："舜老，您是儒医，我这里敬你一块鱼！"

这时，杨舜琴又想起了自己写的那首诗，便很歉意地说："我是愚蠢之'愚'，常常做些蠢事！那封信……"

还没有等杨舜琴说完，毛泽东连忙摇头，接过话头说："舜老，您过谦了。您是读书人学医，称为'儒医'是最恰当不过了！"说着，毛泽东又夹了一块鱼，这回放进了自己的碗中，然后幽默地说："鱼，我所欲也；儒，亦我所欲也！"

说得大家哈哈大笑。

杨舜琴为什么说自己是愚蠢之"愚"？他说的那封信又是怎么回事呢？这里有必要说一说。

那是很久以前的事了。

1925年夏的一天，韶山团防局局长成胥生接到赵恒惕的密令，要求捉拿毛泽东。成胥生找来一个叫谢子藩的团丁，嘱咐他带几个人去抓毛泽东。韶山冲里几乎家家姓毛，差不多都被赤化了，而这个谢子藩既是团防局的团丁，又是成胥生家的佃农，而且还是一个外姓，所以成胥生认为派谢子藩去抓毛泽东比较合适。

团防局距离韶山有八九里。毛泽东多年在外面奔波，韶山冲里的人认识毛泽东的人并不多，谢子藩做过毛泽东的邻居，所以认识毛泽东。他面有难色地对团防局长成胥生说："我跟他是老乡亲，去抓他对不住人哩！"

成胥生非常生气："不去也行，你明年不要再种我的田了，团防局里面的这个公差，你也不要当了！"

谢子藩没有办法，只好带着几个团丁去韶山冲。他们来到了韶山南岸。毛泽东家在南头的上屋场，而此时毛泽东则在靠北的坪场里和一个人在聊天。谢子藩一眼就认出了毛泽东，本来就不想抓捕毛泽东，所以谢子藩就故意给毛泽东传递信息，冲着毛泽东喊道："喂，对面坪子里的人，你们看见毛润之了没有？"

毛泽东很机警，并没有报出自己的姓名，而是反问道："你们找他有什么事啊？"

谢子藩说："团防局成局长找他！"

毛泽东立刻反应过来了，知道成胥生找他没有好事，就漫不经心地说："刚才我还去过他家，他正在屋里看闲书呢！"

团丁们立刻向上屋场毛泽东家跑去。毛泽东看着他们离去了，一闪身躲进了密密的树林之中。

这件事除了谢子藩和在坪场里和毛泽东聊天的那个邻居之外，没有其他人知道。谢子藩也不敢和别人提及此事。但是，谢子藩是秘密农会的会员，和杨舜琴有过组织上的联系，所以在杨舜琴给谢子藩家人看病的时候，他和杨舜琴讲过这件事。为了谢子藩的安全，杨舜琴再三嘱咐谢子藩："这件事到此为止，今后不要和任何人讲了！"

新中国成立后，毛泽东当了国家领导人，很多和毛泽东有过联系，或者帮助过毛泽东的人，他都有信函问候，或者寄钱寄物。而此时的谢子藩已经六十多岁了，常常患病，生活困难。杨舜琴向政府反映了谢子藩曾经掩护毛泽东的事情，提出对他应该照顾。

但是，谢子藩曾经当过团丁，这在当时算是严重的历史问题，而当时和毛泽东一起聊天的那个人已经不在人世了。谢子藩掩护毛泽东的事情，杨舜琴也是从谢子藩口中听说的，只是一个间接的证人，所以当地政府对这件事也不好做结论。这个时候杨舜琴想起了毛泽东，如果毛泽东证明这件事，事情就好办了。杨舜琴一直想成全此事。

杨舜琴把这件事的来龙去脉写信报告给了毛泽东。不久，毛泽东给杨舜琴来了一封信，但是毛泽东的信和杨舜琴所期待的内容有着一定的距离。毛泽东信中的大概意思是：在过去的革命年代里，不止一次遇到过险情，都是在革命群众的掩护下顺利脱险。他一直记着这些人的友谊。但对这位谢子藩，那时隔着一条田垄，情况又那么紧急，他连谢子藩的面孔都没有看清楚，印象确实不太深刻了。他给杨舜琴捎话说：掩护之事大概是有的。请向谢子藩先生表示谢意。谢先生家计困难请与当地政府商洽。

当地政府的办事人员偏偏又特别认真，他们拿着毛泽东的回信，对"大概"和"商洽"等字眼进行了认真的研究，认为毛泽东并没有肯定"掩护"之事，对谢子藩照顾也只是说"商洽"，所以事情的结果一直没有使他们二位满意。

杨舜琴是一个性格耿直的人，他知道毛泽东最重感情，对帮助过他的人总是千方百计地回报，今天怎么搞出一个"大概"来呢？杨舜琴在疑惑之余，给毛泽东写了一首诗：

> 介子绵山居旧禄，冯异勿言依树林。
> 舜日尧天仁厚主，谅能回忆掩护情。

诗中引用了两个典故。

一个出自《史记》卷三十九《晋世家第九》。春秋时期，晋国内乱，公子重耳（后来的晋文公）在外逃亡十九年。其间，一个叫介子推的人一直随从左右，最困难的时候甚至割屁股上的肉给公子重耳充饥。后来重耳做了晋国的国君，赏赐随从臣属的时候竟然忘记了介子推。介子推也不求赏赐，他与老母隐居于绵山，过着和过去一样的日子。

另一个典故出自《后汉书·光武帝纪》。冯异是东汉初期将领，追随光武帝刘秀多年，立下了很多战功。刘秀当了皇帝之后，诸将聚集在一起论功，冯异却躲到一棵大树下面休息，不和大家争功，人称"大树将军"。

不知道什么原因，杨舜琴的信邮走了之后，一直没有收到毛泽东的回信，杨舜琴也不好一而再再而三地打扰毛泽东的工作，所以有很长一段时间，他们中断了书信往来。但是，过了一段时间，谢子藩的问题却解决了，享受革命老人的待遇，由政府按月给予一定的补助。

所以，毛泽东说"您是儒医，我这里敬你一块鱼"，杨舜琴却说"我是愚蠢之'愚'"，两个人是心照不宣的。

大家笑过，毛泽东又向杨舜琴介绍了周小舟，又照了相，分手的时候，毛泽东不无惋惜地说："只可惜，这次时间不够，我们没有谈诗。"

杨舜琴也觉得遗憾，说："只能等下次了。"

毛泽东说："对，我们下次要谈诗。"

毛泽东一边说着，送走了杨舜琴。下午3时，他也结束了这次故乡之行，奔长沙而去。

杨舜琴回到家里，激动不已。第二天，闭门谢客，写了一封信、三首诗。诗的前面有一段引言：毛主席回韶山，接见乡老，敞开言路，洞悉民情，并称琴是"儒医"。言虽出自席间，誉已传于座外。

杨舜琴的诗中有这样的句子：

韶山郁郁更巍巍，孕育奇才破独裁。

三十二年还故里，百千万类赖深培。

乡老侃侃谈无倦，座主融融乐不猜。

宴罢华堂同摄影，高歌一曲胜蓬莱。

兴奋之情表现得淋漓尽致。①

---

① 杜忠明著：《毛泽东以诗会友》，辽宁人民出版社2014年1月版，第345~349页。

毛泽东畅谈黑格尔
门德斯品尝剁辣椒

1959年10月1日是中华人民共和国成立十周年的盛大节日，为此中共中央和国务院决定举行隆重的纪念活动，其间邀请了五千多位外宾来华参加这个盛典，很多外国友人怀着一腔对毛泽东的崇敬之情希望一睹伟人的风采，留下了无数有趣的佳话。

其中，巴西哲学家门德斯与毛泽东的会面值得一提。周而复在《往事回首录》第九章里面做了比较详细的记录，但是没有说明确切的时间。据《毛泽东年谱》记载，10月5日下午毛泽东在中南海勤政殿会见了巴西等拉美国家共产党代表团，毛泽东与门德斯的会见是不是这一天，尚难确定。

门德斯熟读毛泽东的《实践论》和《矛盾论》，所以慕名而来，专程拜谒，毛泽东在中南海的会客厅接见了他。当时周而复任国务院对外文化委员会秘书长、党组成员，后来又升为副会长，在很长一段时间里，他是对外文化委员会的常务主管，凡是国际上知名人物民间访问要求毛泽东接见的都由他陪同。

原定的接见时间并不长，但是，哲学家碰到哲学家，就像酒逢知己、棋逢对手一样，话匣子打开了就一发而不可收。毛泽东畅谈了黑格尔、费尔巴哈与马克思辩证唯物主义的关系。这不是礼仪性的访问，而是两位哲学家的学术讨论，谈起来就远远超过了预定的时间。可能是毛泽东感觉到了饥饿感，他揿动了茶几上的响铃，秘书走了进来，毛泽东很干脆地说："准备饭菜，留客人吃饭。"

秘书应声，准备立即通知厨房，毛泽东又补充道："不要让客人饿肚子。"

"知道了。"秘书说。

毛泽东再说："也不要让我饿肚子……"

"知道了。"秘书说。

毛泽东最后说："请客吃饭，别管什么清规戒律！"

"明白了。"秘书走了出去。

"清规戒律"是指什么而言呢？原来毛泽东喜欢吃红烧肉，保健人员担心毛泽东吸收过多脂肪，影响健康，一般是有所限制的，这就是毛泽东所说的"清规戒律"。有朋自远方来，不亦乐乎，这回当然要破戒了。

不一会儿，秘书进来报告，饭菜已经准备好了。毛泽东说："肚子叫了，闹革命了，该吃晚饭的时候了。"毛泽东陪客人一同走进餐厅，在主位坐下，让外宾坐在他右边，让周而复坐在他左边，译员坐在他对面。毛泽东指着桌上的几样菜说："今天晚上也没有好饭好菜招待客人，但是保证可以吃饱，不要客气，随便吃点。"

桌上的菜分别是湖南腊味、炒虾仁、素炒干贝、鱼香肉丝、醋熘鱼片、红烧狮子头、鱼头豆腐汤、冬菇白菜、红烧肉，最后这道红烧肉放在了毛泽东面前，紧靠这道菜还有一大盘红艳艳的湖南剁辣椒，算是毛泽东的特供。这种剁辣椒是湖南风味，最值得一提。它是用新鲜的五爪朝天椒做原料，手工剁碎之后，加入一些盐、料酒、姜末、蒜末腌渍而成，又辣、又鲜、又脆，放在质量极好的双釉习水坛子里可以保存一年。现在商家制成罐头的"剁辣椒"，里面不仅加了防腐添加剂（安息香酸钠），而且做工粗糙，已经风味全失了。那时毛泽东吃的剁辣椒，显然是自制的，香味之中略带鲜味。

毛泽东敬客人酒以后，又敬腊味和虾仁，并向客人详细介绍湖南的腊味："这腊味是我们湖南菜。湖南几乎每家都有腊味，我说的'几乎每家'不完全确切，应该说几乎每个有钱人家都有腊味；如果贫无立锥之地，日愁三餐，夜愁一宿，饭都吃不上，就谈不上腊味了。"

"那倒是的，要先有饭吃，才能谈到菜。"客人附和。

"这个"，毛泽东夹了一筷子的红辣椒送到嘴里，一边咀嚼，一边说，"湖南有钱人家和贫穷人家都喜欢吃，不吃点辣椒，仿佛什么菜也没有味道。"

周而复插了一嘴："南美洲一些国家的人，也有喜欢吃辣椒的，巴西有一种辣椒，非常小，和四川朝天椒差不多，我访问巴西的时候，尝过这种小辣椒，只尝了一点，浑身都出汗了。"其实，周而复所说的巴西辣椒，我国海南省也有，是一种多年生草本，我们叫米椒，生吃的，极辣，又叫断肠椒，吃多了可以把肠子辣断，不过是极言其辣的一种夸张说法而已。

"看来，你没有吃辣椒的习惯，这要锻炼。"毛泽东指着周而复摆起了自己的辣椒经，"我小的时候，最初开始吃辣椒也怕辣，不敢吃，一点一点吃，慢慢就习惯了。到后来，不但不怕辣了，还怕不辣哩。"

客人见毛泽东不断夹辣椒往嘴里送，钦佩地说："主席先生真能吃辣椒，就我所接触过的各国领导人当中，您是最能吃辣椒的，一点也不怕辣！"

"你说的对，四川人吃辣椒，不怕辣；江西人吃辣椒，辣不怕；我们湖南人吃辣椒，怕不辣！"毛泽东又夹了一筷子辣椒往嘴里送，津津有味地说着，津津有味地吃着。

门德斯听了翻译的解说，对汉语的精妙尤其佩服："主席先生妙喻，把'怕'字的位置一颠倒，就可以看出三省人对辣椒的不同态度，言简而意赅。"

毛泽东夹了筷子鱼香肉丝送给客人，说："你尝尝这道菜，有点辣，不是很辣。"

客人尝尝，赞赏地说："味道又鲜又辣，但不太辣。秘鲁也有一些人喜欢吃辣椒，有的吃得很厉害，不怕辣。"

毛泽东对辣椒的确有深入的研究，他马上总结道："吃辣椒三种态度，表现三种不同的性格。一般地说，寒带和热带的人喜欢吃辣椒，但我要补充一句，凡是喜欢吃辣椒的人，可以说，基本上都是革命的，就我们共产党和红军来说，当然也包括八路军、解放军在内，四川人、湖南人、江西人最多，现在的高级干部也大半是这三个省的人。所以我说，喜欢吃辣椒的人大半是革命的。"毛泽东说到这儿，自己笑了笑，当然这是一种毛氏幽默。

"马克思和恩格斯也喜欢吃辣椒吧?"客人也适时地调侃了一下。

"我没有做过调查，没有发言权。听说，德国人也有喜欢吃辣椒的，他们两人可能也吃辣椒，喜欢吃辣椒，或者喜欢吃类似辣椒的东西，如芥末一类。"

毛泽东夹一块红烧肉送到客人面前，转了话题，说："你尝尝这红烧肉，是我最喜欢吃的一道菜。"

客人尝了，赞不绝口："这道菜油而不腻，香甜隽永，吃下肚去，感到浑身舒畅，妙极了!"

毛泽东指着眼前的红烧肉说："这是一道好菜，百吃不厌。有人却不赞成我吃，认为脂肪太多，对身体健康不利，不让我天天吃，只同意隔几天吃一回，解解馋。这是清规戒律。革命者，对帝国主义都不怕，怕什么脂肪呢? 吃下去，综合消化，转化为大便，排泄出去，就消逝得无影无踪了，怕什么!"

"主席先生综合消化能力强，这样健康的身体是少见的……"客人用筷子夹了一些红辣椒送到嘴里，品尝了一下，说："这辣椒很辣，但是味道很好，里面是不是放了什么作料？"

"没有，只是用盐腌了一下。"

"好吃。"客人又夹了一筷子辣椒吃。

"可以说，我们志同道合，不仅在哲学观点上接近，在饮食习惯方面也在靠拢。秘鲁和中国虽然距离万里之遥，正像唐朝诗人王勃所说的那样：海内存知己，天涯若比邻。"

……

时间在两位哲学家谈笑风生中悄悄流逝，已经很晚了，客人向毛泽东告别。毛泽东的兴趣特别浓，心情十分愉快，亲自把客人送到门口，握手告别。

月色阑珊，万籁俱寂，长安街上行人稀少，已是午夜时分了。

毛泽东单独接见一位外宾，而且不是国家领导人，畅谈这么久的时间，纵横古今，口吐莲花，而且共进晚餐，精神如此愉快，这是少有的，岂止是少有，简直就是绝无仅有的一次。

毛泽东遇到有人与他讨论哲学的机会，并且将哲学、革命、吃饭、辣椒来了一个一勺烩，并趁此机会饱啖一餐红烧肉、剁辣椒，正所谓："酒逢知己千杯少，话不投机半句多。"①

---

① 周而复：《往事回首录》，《新文学史料》1997年第1期，第97~104页。

女儿狼吞虎咽
父亲明察秋毫

1959年到1962年，在共和国历史上被称为"三年困难时期"，面对工农业生产跌入谷底导致的生活资料匮乏和饥馑的严酷现实，毛泽东非常难过，也非常无奈。1959年10月23日，毛泽东乘专列南下视察沿途，看到各地一片荒凉，他一面凝视，一面默想，喃喃自语："天灾人祸啊!"

回到北京，毛泽东向卫士们宣布：要自力更生，艰苦奋斗。他对卫士们说："全国人民都在定量，我也应该定量，是不是肉不吃了？你们愿不愿意和我带这个头啊？"他曾经和张仙鹏说："我不吃猪肉和鸡了，猪肉和鸡要出口换机器，我看有米饭，有青菜，有盐有油就可以了。"① 他还对身边的全体工作人员宣布："我们要实行'三不'：不吃肉，不吃蛋，吃粮不超定量。"毛泽东当年在延安的一句口号"忙时吃干，闲时吃稀"再度被写到墙上。

一次，毛泽东与中央政治局的同志开会一直到深夜，大家一起商量，趁着开会，给中央领导做点包子，多少放一点肉。卫士们把包子送上去后，不多时，周总理就出来了，悄悄地问卫士们："主席说过不吃肉了，怎么包子里又放肉了？"

卫士回答："今天政治局开会，主席很长时间没吃肉了，我们想让主席和政治局的同志们一起吃点。"

周总理点了点头，严肃地说："以后没有主席的话，可不要搞了。"1960年国庆节，大家以过节为由，给毛泽东做了一碗红烧肉，放到毛泽东的饭桌上。毛泽东一看就火了，问："是谁出的主意？"

卫士长李银桥马上说："过节了，同志们想给你改善一下生活。"

"你们这些人好不懂事呀！你们应该知道，现在全国好多地方的人民在饿肚子，我这个主席是有责任的，只要人民吃饱肚子，我觉也睡得好，饭也吃得香，我不吃肉，身体不是很好的嘛，我再交代一次，国家扭转不了经济危机，我是不会吃肉的，把这肉拿走。"毛泽东说罢生气地端起碗里的饭吃了起

---

① 张奎明、李光全主编：《毛泽东与山东》，中央文献出版社2003年11月版，第540~541页。

来。卫士张仙鹏恳求毛泽东："我们已经知错了，您就吃了吧，下不为例。"

毛泽东断然说道："我不吃，你把这肉拿去，送给厨房廖师傅吃吧，他工作很辛苦。"①

目睹此情此景，在场的几个人无不潸然泪下。

那段时间，为了让毛泽东吃一点肉，增加一点营养，大家真是绞尽脑汁。为了给毛泽东增加营养，管理员整天出去打麻雀，勉强可以让主席吃上一点荤腥。

后来，毛泽东又说了："不吃荤菜了，只吃米饭、青菜，从1961年1月1日开始实行。"就是说，无论你们搞什么，打麻雀、捞河鱼，我一概不吃了。

宋庆龄闻讯，特意从上海赶到北京，给毛泽东送来一网兜螃蟹。毛泽东却说："谢谢你，我不能收。我跟工作人员讲了，实行'三不'：不吃肉、不吃蛋、吃粮不超定量。"宋庆龄很受感动，坚持说："螃蟹不是肉，也不是蛋，螃蟹就是螃蟹，你非收不可。"毛泽东对宋庆龄始终都非常尊重，推辞不掉，只好收下了。可是，宋庆龄一走，毛泽东就把螃蟹送给了警卫战士，自己仍然一口没吃。谁也无法改变他不吃肉的决定。②

那个时期毛泽东的小女儿李讷正在北京大学读书，并没有

---

① 张奎明、李光全主编：《毛泽东与山东》，中央文献出版社2003年11月版，第565~566页。

② 李琦编著：《毛泽东与联系群众》，中央文献出版社2004年9月版，第264页。

因为她是毛泽东的女儿而享受到什么特殊的优遇，和学校里所有的学生一样，她也重新申报了粮食定量。回到家里，毛泽东向她问起学校的情况，她告诉父亲，自己是共青团员，应该多为国家分担困难，申报时把定量压到了二十一斤。

毛泽东听女儿这样说，感到很欣慰，同时也露出一丝忧虑，毕竟女儿还处于长身体的年纪，营养不良会影响发育的。李讷接着说："学校考虑我们正处于成长发育期，将学生的定量统一定为二十七斤。"

"这我就放心了，这个定量基本能保证学生的营养了。"李讷感觉到父亲好像松了口气。毛泽东却随即又说："井冈山时期，打仗的战士还吃不上这个定量。"李讷明白父亲的心思，想想前辈度过的更艰苦的岁月，眼前的难关就更容易挺过去了。

困难的日子似乎过得比想象的更漫长，而且困难仿佛在日甚一日地加重。一次一个卫士到北大看望李讷，李讷告诉卫士，学校里吃不饱，又没有什么油水，老觉得饿得慌。卫士回到中南海，把情况反映给李银桥，李银桥自作主张，让卫士悄悄给李讷送去了一包饼干。

几天后，毛泽东不知从谁的嘴里知道了这件事，他批评李银桥："三令五申不要搞特殊化，为什么还要搞特殊化？"

李银桥还想辩解："别人的家长也有给孩子送东西的。"毛泽东一听就火了，拍着桌子大声说："别人我不管，我的孩子一块饼干也不许送！"

那个时候中南海里，除了寄宿在学校或在学校定餐的孩子还在学校吃饭外，原先在家里吃饭的孩子，大多在家长的命令下，到大灶食堂和机关干部、工作人员们一起吃饭了。像朱德、董必武、李富春、谭震林、陈毅、李先念等家中的孩子，都是如此。特别是朱德，他不仅把孙辈们都赶去了大灶食堂，还提出要求：不准老买好菜，不准超过大多数人的饮食标准，不准超过自己的定量。这些家庭中的父母享受着党内高级干部的待遇，有一定的营养补助，但是他们从培养锻炼孩子的角度出发，从不让孩子享受不该享受的待遇，总是让孩子在大灶食堂进餐。

当然，星期天的时候还是有例外的，偶尔父母也让孩子回家里吃上一顿，同享天伦之乐。就在送饼干事件之后的一个星期天，李讷回到家里，毛泽东破例让她在家里和自己一起吃了一顿饭。此时正是毛泽东宣布了"三不规定"之后，家里的饭菜其实也没太大的油水。可饿了一星期的李讷，看见桌子上三四盘炒菜、一碗汤，外带辣子、霉豆腐等小菜，胃口一下就被吊起来了。她没等父亲下"吃饭"的命令，便狼吞虎咽地吃了起来，舌头被烫得"咝咝"直吹。"慢点吃，别着急。"女儿的每一个细微的动作，毛泽东都看在眼里，但话音依然平静。

由于在学校吃饭都很快，李讷已经习惯了。她并没有想到掩饰，一边说一边不停地往嘴里扒饭。她第一个吃完了自己碗里的饭，端着空碗，眼睛却忍不住瞟向桌上的剩菜。

李讷从来就不是个贪吃的孩子，如今这副模样意味着什么？明察秋毫的毛泽东心里很清楚。他停住了筷子，江青也怔了一下，继而把自己碗里的饭拨到女儿的碗里。

"哎，你们怎么不吃了？"生活上一贯粗线条的李讷诧异地问道，"妈妈，你怎么吃得这么少？""这几天胃不舒服，老泛酸水，不敢多吃。"江青说着又用手揉着心口。过了一会儿，她低头离开了饭桌。

毛泽东拿起了报纸，一边看一边说："我年轻时在湖南搞农村社会调查，有次饿了一天，讨到一碗米饭……"李讷吃得正香，没搭父亲的话："你们不吃我就全打扫了啊！"

"唔，打扫干净。三光政策，不要浪费。"说完，毛泽东又把目光从女儿身上移开，转向报纸，直到李讷把桌上的盘子都拾掇干净。

李银桥目睹了眼前的这一情景，心里很不忍心。事后向毛泽东进言："主席，李讷太苦了，我想……"没等他说完，毛泽东就打断了他："和全国人民比较来说，她还算好一些的呢！""可是……""不要说了。我心里并不好受，她妈妈也不好受。她是学生，按规定不能享受的就不能享受。"毛泽东叹了口气说，"还是各守本分的好。我和我的孩子都不能搞特殊，现在这种形势尤其要严格。"①

在困难时期，毛泽东曾有过一星期不吃米饭，七个月不吃肉、不喝茶的记录，几位领袖都跟着毛泽东不吃肉了。周恩来过意不去，关切地劝毛泽东吃一点肉，但是毛泽东的一句"你吃了吗"的反问，就把周恩来的嘴给堵上了。

那段时间为了使毛泽东增加营养，中南海里负责为首长服

---

① 黄允升主编：《开国领袖毛泽东逸事》，中央文献出版社1999年版，第271~277页。

务的部门领导费尽了心思。肉、蛋这些东西毛泽东绝对不碰，但是他不拒绝野食。像偶尔弄两只麻雀，在中南海里捞点寸把长的小鱼虾，还是能劝他吃一点的。于是工作人员就打几只麻雀或掏两个麻雀窝，或者用筐捞些小虾。但这只能间隔一段时间搞一次，也不能一次量太大。否则，毛泽东同样不买账。

在三年困难时期，毛泽东曾过了三个生日。从现在保存下来的菜谱看，这三个生日都过得相当简单，与平时没有多少区别。三个生日宴上，没有酒、寿糕，也看不出丝毫喜庆气氛。1962年12月26日，毛泽东六十九岁生日，他只吃了早餐，晚上仅吃了一碗麦片粥。早餐时，毛泽东请身边工作人员一起吃，菜谱上记载着这样几道菜："干烧冬笋、油爆虾、白汁鲤鱼、鸡油冬瓜球、炒生菜。"

那段时间，中央人民政府将每个国民的口粮定量都减到了最低限度。低标准，瓜菜代。中共中央紧急号召全体共产党员带头，国家干部带头，领袖们首先带头勒紧裤腰带，渡过难关。

中南海里，机关干部们开始重新定量，先由个人报数再由群众公议评定。身高体阔的毛泽东，自报的粮食定量是每月二十六斤。刘少奇报得最低，只有十八斤。周恩来报了二十四斤。朱德和毛泽东一样，也是二十六斤。

这一情况传到各单位党支部和党小组后，大家都认为领袖们自报的定量偏低了，起码应该和绝大多数男性干部一样，定在二十八斤。但是领袖们都坚持说够了，已经写过，不要变动了。就这样开始按照他们报的数量给他们发粮票。

在领袖们的带动下，整个中南海的工作人员都勒紧了裤带，每位工作人员都把自己的粮食定量降了下来。定量是压缩了，可营养不良不可避免地发生了。

为了在粮食定量减少的情况下，尽可能地增加一些营养，食堂的大师傅和干部们想了一些办法，他们采集一切可食的植物，和粮食掺和在一起吃。

最开始是采集自然生长的植物，像挖野菜、捋榆钱儿等。中南海里，特别是沿着中南海的外墙，种植了不少榆树。榆树的叶子形状有点像古钱，俗称"榆钱儿"。采摘来后，大师傅们就把嫩"榆钱儿"和在面里，使蒸出的馒头个头大一些。

自然生长的东西很快就被摘光了，于是人们就种植一些野菜，比较普遍的是一种俗称"扫帚菜"的植物。这种野菜枝蔓多而密，把叶子撸净后，一株就是一把天然的扫帚，其俗称大概就是这么来的。这种野菜特别好生长，路边或犄角旮旯儿，再贫瘠的地方也能长得很茂盛。扫帚菜叶和上玉米面或白面，放在笼屉里蒸熟了也不难吃。

三年困难时期，毛泽东和普通工作人员一样，就是这么坚持下来的。

毛泽东阅读《解放日报》
上海滩宴请工人代表

1960年 3月19日，那是一个春雨绵绵的周末。午饭后，上海联华带钢厂党支部书记兼厂长孔令熙突然接到市委领导的电话："已经派车去接你，请速来康平路开会。"

"速来康平路开会！"一听这口气就非同寻常。康平路是什么去处呢？原来1949年之后，康平路因中共上海市委办公厅位于此地而声名鹊起，"康办"也因此被上海人用作中共上海市委的代称，成为上海的实际权力中心。因此说起康平路，不用过多解释，人们自然知道那是指市委。康平路其实并没有什么特殊之处，它是上海市徐汇区的一条普通街道，全长不到一公里，路宽在十五米至十六米之间，东起高安路，西至华山路，中间与吴兴路、宛平路、余庆路、天平路四条南北向道路交会。早年这里曾经是法租界的地界，道路两旁的建筑时间跨度较长，风格各异，多姿多彩。既有20世纪初建造的，类似官家大院式的"宅院"，也有20世纪40年代中建造的欧美风格的花园别墅，以及成片的西式里弄洋房，道路两侧法国梧桐成荫，是一个非常幽静的去处。

容不得更多询问，孔令熙匆匆忙忙地赶到了康平路，市委领导交给他一项特殊任务——向上级领导口头汇报联华带钢厂在技术革命运动中的工作情况，给孔令熙来了个措手不及。随后，上联电工器材厂杨新富、国棉四厂陈志贤、联华带钢厂潘仁祥、上海工具厂朱富林、上海中国自动电讯器材厂陈铭津等，也相继接到"速去康平路开会"的通知。

朱富林在下班前才接到通知，他连工作服也没有来得及换掉，拿着雨衣，穿着那双带泥鞋就钻进了小汽车。各厂的代表陆续赶到了康平路，市总工会副主席周炳坤和市委办公厅的同志立即另派专车把他们送到当时的市政协文化俱乐部，现在那里应该是上海锦江饭店了。

在俱乐部一间宽敞的会议室里，代表们坐在沙发上静静地等候。这些经常出席市里各种会议的代表们心里一直在打鼓：今天开什么会如此神秘？往常开会都事先提出要求，做好准备的，今天好像有些特别啊！不一会儿，市领导陈丕显、曹荻秋、魏文伯、刘述周走了进来。分管工业的书记对大家说："你们知道为什么叫你们来吗？"大家面面相觑，不知说什么好。还未等大家回答，他接着说："等一会儿就知道了。你们一见就认识。"一席话说得大家更是丈二和尚摸不着头脑。看到代表有些紧张的神态，他嘱咐道，等一会儿问什么就讲什么，不要拘束，说话要随便些。不一会儿，有位工作人员进来说："大家走吧。"在市委领导的带领下，大家来到一间大客厅。

代表们忽然发现，毛主席正坐在沙发上同市委第一书记柯庆施在交谈。

"是毛主席！"代表们睁大眼睛注视着毛泽东，不由自主地喊出声来，"是毛主席接见我们！"这是代表们万万想不到的。他们感到非常惊异、兴奋。毛泽东起身向工人代表走去，孔令熙走在最前面，他连日到各处介绍经验，喉咙也哑了。这时他心情格外激动，用嘶哑的声音向毛泽东做自我介绍。毛泽东侧了侧身仍未听清，柯庆施在一旁补充："他叫孔令熙。"毛泽东听了笑着说："噢，是孔夫子的后代。"毛泽东一面和代表握手，一面亲切地询问代表的姓名、单位及工作情况。随后，毛泽东和大家一起走进一间大餐厅，里面安放着两张大圆桌。由于下雨影响交通，有些单位的代表还没有赶到，两桌被改为一桌。

大家坐定后，各式菜肴立刻摆满了餐桌，服务员将酒杯一一斟满。一位市委领导说，主席平时是不喝酒的，今天破例了。毛泽东微笑着说："这一次，上海工人在党的领导下，技术革命搞得很好，我想请大家吃顿便饭，感谢上海的工人阶级。可是，上海那么多工人，不可能把大家都请来。你们是上海工人的代表，你们多吃一点吧。"说着，毛泽东站起身来，举起小小的酒杯向代表们祝贺，祝上海工人身体健康，在技术革命中大干一场。代表们和市委领导起身跟毛泽东干杯。大家看着精神矍铄的毛泽东，心里有说不出的高兴，已经顾不上吃菜、喝酒。席间，毛泽东称"红小鬼"出身的陈丕显为"小陈"，称见过列宁的柯庆施为"柯老"，对其他领导同志则尊称以"老×"。毛泽东待人亲切，谈话又颇有风趣，很快解除了代表们的紧张心理。但是大家还是有些拘谨，刘述周副市长坐在毛泽东左边，他建议大家也回敬主席一杯，气氛随之变得热烈起来。按照市委领导原定计划，由孔令熙先向毛泽东汇报工作。毛泽东却说："他喉咙都哑了，就不要讲了吧！他讲的有没有录音？我可以听录音嘛！"

毛泽东为什么突然对上海工人的技术革新来了兴趣呢？

事情的起因是这样的：3月19日当天，《解放日报》在头版显著位置刊登了上海工具厂朱富林等人搞技术革新的长篇报道，还配发了照片、评论。毛泽东抵达上海后马上看到了这篇报道，这才有了临时安排的这场特殊宴请。

毛泽东笑着对朱富林说："你是革新闯将。我国军事战线上出了个'朱总司令'，现在上海工业战线也出了个'朱总司令'，太好了！"说得朱富林也不禁笑了起来。毛泽东关切地问朱富林："搞试验有没有困难？"朱富林挺起腰板回答："没有什么困难。"毛泽东听了笑着说："不见得吧！困难肯定有的。你搞了多少次才成功的？""二百二十八次。""是嘛！你们上海有个王林鹤，发明高压电桥不是经过三百多次试验吗？困难是不小的。但是，困难没有什么了不起，我们不要怕困难。"毛泽东回顾了中国共产党的革命斗争史，语重心长地说："革命不是一件容易的事，革命先烈抛头颅、洒热血才换来了今天。你们在大搞技术革命的时候，尤其要记住这条真理。搞试验，一次不行，十次、百次，甚至几百次，最后还是会成功的。不试验，不失败，不成功！凡事都要经过试验，在失败中取得经验，然后才会成功！"大家专心聆听着毛泽东的教诲，不住地点头，连毛泽东给他们夹过来的东坡肉、海蜇皮卷辣椒也顾不上吃。杨新富全神贯注地望着毛泽东，端在手上的蛋清豆腐汤也忘了喝。这时，潘仁祥夹住一小块肉，轻轻一提，却连着好大一块。他正在进退两难之时，毛泽东看见了，他用筷子帮潘仁祥夹到碟子里，连声说："吃了它！吃了它！"

毛泽东发现代表都是清一色的年轻人，就亲切地鼓励他们："青年人是国家的未来，要听党的话，要敢于闯，大胆地去创造。"杨新富向毛泽东汇报，说他们厂投产了农村急需的低压电气开关，毛泽东欣喜地插话："你们要好好干，要积极支援农业！"毛泽东还对大家说："你们要永远保持不断革命的精神，团结群众一同前进。"他指着在座的年轻人感慨地说："我们这些老年人没有用了，都给这些青年小伙子逼上来了，逼得我们老年人成天到处跑呀！"说得几位市委领导都笑了。毛泽东最后还关切地向大家询问："你们中间有没有大学生？有没有工程师？"当得知在座的这些年轻人都是工人时，毛泽东对在场的市委领导说："要从工人中培养大学生，从工人中培养工程师，还要培养作家。"

晚宴结束后，毛泽东请工人代表和市委领导一起到锦江小礼堂看戏。礼堂的第一排放了三张大沙发，孔令熙和市委第一书记陪伴在毛泽东两侧，其他人分坐其后。当晚，上海青年京剧团为大家演出了《盗仙草》《岳母刺字》《将相和》等优秀传统剧目的精彩片段。毛泽东兴致很高，不时地打着拍子欣赏张美娟等艺术家的精湛演出。演到岳母在儿子背上刺下"精忠报国"四个大字时，毛泽东激动地从大沙发上站起来鼓掌。重新入座后，毛泽东侧身问孔令熙："这个戏你看过吗？"孔答："看过。"毛泽东深情地说："中国像这样的母亲有千千万万呢！"

深夜11时左右演出结束了，毛泽东关切地问市委领导："代表们怎么回去？"得知市里已安排好送代表的专车，毛泽东笑着点点头，代表们怀着依依不舍的心情向主席告别……①

---

① 中共上海市委党史研究室编：《毛泽东在上海》，中共党史出版社1993年10月版，第210~212页。

大师傅偶然出差错
毛泽东幽默解心宽

1961年 7月17日，毛泽东又一次跃上葱茏登临庐山。晚上10点左右，毛泽东一行驱车到达庐山。这次毛泽东与江青分住在不同的别墅里，江青住177号，毛泽东则晚上住在180号的美庐，白天在芦林1号活动。上山之前毛泽东就对秘书田家英说："要开一个心情舒畅的会。"

有一天，吃饭的时候，一位警卫人员在盛饭时，不小心把饭碗打翻了，饭全部撒在桌子上。警卫本来就紧张，这下就更慌了，不知所措地站在那里。那些天毛泽东的心情很好，看到这个场景却一点也没生气，自己赶紧走上前去，用手将桌子上的饭一把一把地抓进碗里。刚巧，南昌市歌舞团的演员小邢站在毛泽东身边，小邢提醒毛泽东："主席，您这样用手抓不卫

281

生。"毛泽东却满不在乎地说："不要紧，不要紧。我吃，我吃。"警卫人员连忙从毛泽东手里把那碗饭夺了过去。

那位闯祸的警卫人员走后，小邢纳闷地问毛泽东："您让他去弄不就行了，为什么亲自动手啊？"

毛泽东说："小邢啊，一个人要想别人尊重你，首先你得尊重别人。你说对吗？"

小邢感动地说："是，主席。我记住了。不过，他为什么那么紧张呢？"

毛泽东说："他是个新同志，刚刚来。这些孩子都是好孩子。"①

毛泽东对身边的工作人员从来都是非常宽容的，一些工作中的小失误毛泽东从来不计较，常常用幽默的方式点到为止，一笑了之。

1969年10月至1970年4月，毛泽东一直住在武汉东湖，当时于存为毛泽东做饭。有一天，理发师周福明去伙房通知该给毛泽东做饭了，毛泽东的厨师一般也不知道毛泽东确切的晚饭时间，因为毛泽东晚上工作，白天睡觉，晚上几点吃饭并没有一个固定的时间。每次都是按照食谱提前备料，接到通知可随做随上。那天，毛泽东的厨师一直等到了第二天的凌晨毛泽东也没说要吃饭，晚饭变成了早饭。大师傅于存也迷迷糊糊地睡着了。早晨5点多钟，周福明通知厨房，毛泽

---

① 李琦编著：《毛泽东与联系群众》，中央文献出版社2004年9月版，第178~179页。

东要吃饭。于存一骨碌从床上爬了起来，开始为毛泽东做饭。按照食谱做菜，今天这顿饭的主菜是宫保鸡丁。宫保鸡丁的主料是鸡胸脯肉，配料一般有大葱、大蒜、干辣椒等。于存因为睡意还没有全消，大脑处于混沌状态。本来炒熟鸡丁之后该放葱丁、大蒜等一些配料了，他却把一盘苦瓜条倒进了锅里，等回过神来，已经晚了，鸡丁就准备了一份，想改菜已经来不及了，而且苦瓜都快熟了，毛泽东那边已经饿得等不及了，吃完饭毛泽东也该休息了。没办法，这道菜就这么被端到了饭桌上。

于存有点紧张，告诉周福明和主席如实讲。其实周福明也有点紧张，一边为毛泽东上菜，一边观察毛泽东的表情。毛泽东盯着这盘从来没有吃过的"苦瓜炒鸡丁"，也觉得有点奇怪，问："这是谁的发明啊？"周福明只好如实讲了。毛泽东一听不但没有表示出任何不满，反而来了兴趣，首先就尝了一口这道新发明的菜。

那时候组织上对毛泽东身边的工作人员要求都非常严格，为毛泽东服务绝对不能出一点差错。这件事被当作于存的一次差错，对他进行了批评。毛泽东听说于存被批评了，为了不让于存有思想包袱，见到于存的时候和他开玩笑："他们整你了吧？他们觉得不好，我觉得很好，以后我就点这道菜——苦瓜炒鸡丁。"①

---

① 顾奎琴主编：《毛泽东保健饮食生活》，广东人民出版社2003年10月版，第78~79页。

毛泽东的日常生活中这样的有趣故事多的是。

还有一次，韩阿福给毛泽东烧菜，盐放多了。毛泽东把韩阿福叫了过去，问韩师傅："你这个师傅姓什么？"

韩师傅哪里知道毛泽东是什么意思，实实在在地回答："主席，我姓韩啊！"

毛泽东故做严肃状，"我看你这个韩师傅不是韩师傅，变成咸师傅了！"

韩师傅这才明白：菜烧咸了。①

毛泽东宽容地对待身边每一个工作人员，用这种轻松幽默的方式解决身边这些小事，事情弄清楚了，彼此不伤和气，心情愉快，值得我们学习。甚至，对身边人或者下属的恶作剧，毛泽东也常常是一笑了之。

1947年7月，毛泽东在靖边县小河村的石屹崂主持召开了一次中央扩大会议，这是一次军事会议。周恩来、任弼时与彭德怀、贺龙、陈毅、陈赓、王震等各部队负责人以及中央后方工作委员会的杨尚昆等都参加了会议。会议结束后，在毛泽东的关照下举行了一次会餐，款待诸位领导。高朋满座，胜利在望，大家也是很难聚首，心情都特别好。饭桌上充满了热烈、欢快、轻松的气氛。大家推杯换盏之际，一道"三不粘"端到了桌子上。

"三不粘"也叫"桂花蛋"，是一道比较有名的宫中名菜。

---

① 顾奎琴主编：《毛泽东保健饮食生活》，广东人民出版社2003年10月版，第22页。

其创制人及创制年代已无从查考。清乾隆皇帝南巡，路经彰德府，知府献膳，其中就有"三不粘"。乾隆食后大悦，立即令人记下此菜的制法。从此"三不粘"传至皇宫，成为宫中御膳。它是用鸡蛋黄、淀粉、白糖加适量的水搅匀炒成的，因为炒制的时候用油较多，吃的时候不粘盘、不粘牙、不粘筷子，故称"三不粘"。后来北京广和居有位姓牟的厨师结识了一位清宫御厨，学到制作"三不粘"的手艺，稍加改进，供应顾客，渐次传入了民间。

南征北战的各路领导哪听说过这个，各个拿起筷子跃跃欲试。这时陈赓把鼻子凑到碗边："好香啊！"他说着并没有去碰那"三不粘"，但是却一直护着，别人无法下手。陈赓又说了："哎，诸位，在上海有一次我在街头一个饭馆吃饭，正吃着，来了个讨饭的，你们猜是怎么个要法？"说话间，陈赓"噗噗"往碗里吐了两口。然后他故作惊讶："你看，这还怎么吃，我只好把饭给了他。噢，该死该死，我怎么真吐了！"

毛泽东大笑："好你个陈赓，想吃你就吃嘛，别跟我们大家耍滑头嘛！"

陈赓笑了，"还是主席了解我，那我就恭敬不如从命了！"说着，他捧起盘子，三下五除二就把那盘子"三不粘"吃了个一干二净。[1]

① 吴连登主编：《毛泽东饮食趣谈》，中央文献出版社2012年4月版，第97~98页。

大师傅偶然出差错　毛泽东幽默解心宽

程汝明发明"元帅虾"
毛泽东品尝葱花饼

20世纪60年代初，蒙哥马利曾以私人名义两次访问中国，先后受到毛泽东等党和国家领导人的接见。蒙哥马利通过在中国的亲历亲闻，真正了解到中国的内外政策和社会现实生活，同时，他也意识到中国在未来的世界舞台上必将发挥重要作用。特别是蒙哥马利与毛泽东的三次会谈，以及在谈话中毛泽东对世界形势的准确分析、判断，给蒙哥马利留下十分深刻的印象。

蒙哥马利，1887年11月17日出生于伦敦，受封子爵，英国陆军元帅，以干练和坚强著称。1944年6月6日指挥盟军进攻诺曼底并取得登陆作战的胜利。1951年任北大西洋公约组织最高司令部副司令。1958年蒙哥马利退出现役，但他对国际局势仍十分关注，走访了很多国家。

1959年6月，蒙哥马利访问苏联。他在同苏联领导人的会谈中意识到，未来世界和平的关键可能在于中国。于是，蒙哥马利在访苏回国后立即产生了访问中国的念头。蒙哥马利向中国政府提出友好访问的请求后，毛泽东表示"非常欢迎他在适当的时候访问中国"。

1960年5月27日，蒙哥马利在中国第一次见到了他最想见的毛泽东。1961年9月6日，蒙哥马利再次飞抵北京，并享受了西方政要从未有过的礼遇。从9月9日开始，蒙哥马利对包头、太原、延安、西安、三门峡、洛阳、郑州、武汉进行了参观访问。在此之前，这些中国内陆城市不曾向任何西方政要开放过。

1961年9月23日中午，蒙哥马利在李达上将的陪同下，从北京乘专机抵达武汉，下榻汉口胜利饭店。晚上6点半，蒙哥马利来到毛泽东下榻的东湖宾馆甲舍。毛泽东一边与蒙哥马利握手，一边用英语向蒙哥马利问候："How are you!"听到毛泽东用英语向他问候，蒙哥马利倍感亲切。当晚，原计划只谈几十分钟，主要讨论一些军事问题，但是出乎预料，毛泽东和蒙哥马利都聊得非常尽兴，于是就临时决定留蒙哥马利共进晚餐。

当时负责招待的领导还向厨房特意强调："主席晚上请外宾吃饭，规格要高。"

因为是接待外国客人，所以免不了要上几道西餐菜式以及一些必要的点缀，最终，宴会的菜谱确定为六道凉菜、四道热菜。

凉菜分别有花篮红鱼子，这道菜是用鸽蛋和鱼子做成的，既好看又好吃；酿鸽子，将鸽子去骨，放上一些肉馅、虾泥、蟹泥等；还有烤猪排、麻辣牛肉、什锦沙拉，以及厨师临场发明的一道"元帅虾"。

热菜有烫片鸭子、铁板扒桂鱼、牛肉扒、炒豆苗。

如果现在给你看当年毛泽东宴请外宾的菜单，你可能会觉得算不上什么，也许这些食材在你自家的冰箱里都能轻易凑够，但是在当时这些菜却反映了那个时代中国国宴的真实面貌。

蒙哥马利元帅那年已经七十四岁了，但是那天的菜他几乎一点儿没剩。吃完饭后，蒙哥马利对主席说："我吃得太饱了，从来没吃过这么好的饭菜。"

毛泽东听了蒙哥马利对晚餐的赞美，非常高兴，因为这意味着当天的会谈不仅让蒙哥马利认同了毛泽东的军事思想，而且还对中国的美食也产生了好感。在当时中国还没有和英国建交的情况下，蒙哥马利这种重量级人物对中国的态度肯定会对两国关系产生重要的影响。老子《道德经》第六十章有云"治大国若烹小鲜"，可见饮食与政治是密切相关的。"国宴就是政治，政治无小事。"这话不假。

毛泽东平时不太喜欢吃西餐，所以没有更多地品尝过厨师为他做的西餐。其实毛泽东那个时代，我们国家很少有地方能够吃到西餐，国宴里的西餐菜品也不多，这和领导人的喜好以及国家政治有很大关系，直到改革开放之初的80年代，西餐在中国也不多见。

平时不怎么吃西餐的毛泽东显然对当晚这餐美食也非常满意，他笑着对蒙哥马利说："这顿饭不是我们的人做的。"这时，吴旭君走过来问毛泽东："主席，吃好没有？"毛泽东有些神秘地笑了。吴旭君问："主席，您笑什么？"毛泽东说："今天的菜不是咱们的厨师做的吧？"吴旭君跑到厨房去问，做饭的程师傅回答："当然是我们自己做的，就是临场发挥，点缀点缀，把以前学的东西都给搬上去了。"吴旭君把程师傅的话学给毛泽东，毛泽东竖起拇指说了一句话："程师傅手艺精湛。"

当时有一道特制的法式大虾，就是后来被称为"元帅虾"的那道菜，值得在这里专门介绍一下。那天厨房里预备的西餐材料简直太少了，想来想去，程师傅觉得渤海湾的特供大虾不错，西方人又喜欢吃奶酪，于是灵机一动，发明了一道新菜。程师傅将腌制好的大虾切成了像玻璃纸一样薄的肉片，把奶酪卷在中间，外面再裹上鸡蛋、面粉和面包糠，然后下锅炸。这道菜的难点就在于不能把虾肉弄破，所以很吃刀工。一旦虾肉破了，炸的时候奶酪遇热就会流出来，那就失败了。如果做好了，那么这道菜就是外焦里嫩，吃的时候把虾切开，用虾肉蘸着流出来的奶酪吃，是很令人享受的一道美食。由于这道菜是为招待蒙哥马利元帅而做，而且得到蒙哥马利的嘉许，所以人们后来就把这道菜命名为"元帅虾"。[①]

---

① 顾奎琴主编：《毛泽东保健饮食生活》，广东人民出版社2003年10月版，第11~14页。

程汝明发明『元帅虾』　毛泽东品尝葱花饼

程师傅就是毛泽东的专职厨师长程汝明，号称"国宝级烹饪大师"。程汝明十三岁时在叔父的带领下来到天津，因为程汝明小时候亲眼看到妹妹被饿死的惨状，所以他自幼就有一个强烈的愿望：要做一个让天下人都能吃饱饭的工作。

1939年他进入天津惠中饭店当学徒，直至1952年程汝明一直在天津，先后在法兰西俱乐部、犹太俱乐部、起士林饭店、维克多利饭店、聚合城饭庄等多家中外饭店工作和学习。凭着自身的职业领悟和丰富的实践经验赢得了天津烹饪界的尊重和认可。

1952年10月2日，程汝明被特别指定带队负责世界和平理事会亚洲及太平洋区域和平会议的餐饮服务工作，为郭沫若先生带队的中国代表团以及世界各国代表们服务。大会期间，程汝明获得了国内外贵宾的一致好评，并且受到了外交部的表扬，会后铁路局的领导就安排他在外国专家乘坐的车厢主厨西餐。

1954年，因工作成绩显著，程汝明被正式任命为专职的厨师长，在毛泽东专列上及中南海内，全权负责主席及家人的饮食工作（与李锡武共同负责）。

程汝明跟随毛泽东经常去外地，他发现什么菜对毛泽东的胃口，便暗暗记下并设法将烹调要领掌握到手。为了调剂好毛泽东的饮食，程汝明费了不少心思，下了不少功夫，他有一句口头禅："凡是毛主席喜欢吃的菜或主食，自己就应该全部掌握。"

因此，在毛泽东与程汝明之间发生了很多有趣的故事。

北京小吃中有一种萝卜丝饼，中南海附近一家小铺子做得最好。京城的许多知名人士都好这一口，要品尝就都要到那家店铺去。

1959年，钓鱼台国宾馆建起来以后，招揽烹饪人才，那家小铺里做萝卜丝饼的厨师老王被招进了钓鱼台，萝卜丝饼的真传就传到了这里。毛泽东品尝几次萝卜丝饼之后，也喜欢上了这一口，此后想吃就找钓鱼台的王师傅给他做。但王师傅不可能像毛泽东的专职厨师那样，随时都能把饼做出来。为了让毛泽东吃好，程汝明便到老王那里虚心求教。

钓鱼台的负责人陪着程汝明找到了老王，要他一天之内教会程汝明。按说身怀一招鲜的人，是不愿意轻易将绝技传人的，但老王听说要为毛主席做这道菜，他倒是很认真地把自己的这门本事全部传授给了程汝明。

程汝明说：老王做萝卜丝饼真是有绝招，其中关键是饧面和抻面。老王告诉他，这一饧一抻一甩学问可大了，需要去仔细体会。一般人制作萝卜丝饼，葱油和盐早早就卷到饼里了。但老王不这样，而是直到临下锅前才加盐。老王说：盐加早了，饼就塌秧了，一塌秧肯定就变味了。

悟性颇高的程汝明很快便掌握了萝卜丝饼的制作秘技。他说："照猫画虎不行，做出来表面上看着差不多，吃起来根本就不是那么回事。"

毛泽东爱吃红烧肉。不过，毛泽东爱吃的红烧肉必须按程汝明研究的方法制作，有些作料是不能放的。

刚到毛泽东身边工作不久，程汝明做的第一盘红烧肉，毛泽东竟然一口也没吃。他当时问毛泽东是不是觉得味道不好，毛泽东只说自己不喜欢吃酱油。追问之下，程汝明才弄清楚毛泽东为什么会有这样一个习惯。

原来，毛泽东少年时，家里曾开过酱油作坊，当时酿造酱油多通过自然晒制发酵。一年夏天，毛泽东无意间看见酱油缸里有些白点，待走近观察才发现，那些白点竟然是酱油发酵时孳生的蛆虫。从那时起，毛泽东再也不吃酱油了，这可让程汝明感到为难了，不加酱油红烧肉还怎么做呀！

但是毛泽东爱吃这一口，不做是不可能的。程汝明想方设法改进烹饪技艺，后来程汝明做的红烧肉令毛泽东情有独钟。其实程汝明琢磨出的办法很简单，就是用糖做着色调料，用盐代替酱油调味，这样烹制的红烧肉咸鲜不失、甜味兼得，毛泽东尝过之后很是满意。程汝明则由此发现一个现象："只要上这道红烧肉，主席准保不会剩下。"

除红烧肉外，毛泽东还爱吃辣椒、苦瓜以及多数湖南人都喜欢的腊肉。毛泽东总说："不能吃辣椒和苦瓜的人，怎么能干革命？"而程汝明却思考："不用酱油，怎么能做出主席爱吃的辣椒和苦瓜呢？"好在毛泽东不讨厌豆豉，于是在程汝明总结出的"爱吃"菜单上，增加了豆豉辣椒和豆豉苦瓜。

三年困难时期，毛泽东决定降低自己的伙食标准，程汝明因此得到命令：以后不准再做肉菜了。想到毛泽东爱吃的葱花饼之后，程汝明决定"把肉放在暗处"。

程汝明是山东人，喜欢吃大葱，刚进中南海的时候，他很希望能与毛泽东"奇味"共分享，可主席偏就对葱不感兴趣。

1958年的一天，执着的程汝明试着做了个葱花饼。这个小点心的配料不过就是葱花、盐和五香粉，却被毛泽东品出了滋味，以至吃完一张饼之后，他马上说"再给我一个"，从此开始欣赏葱香。

1960年除夕，程汝明偷偷往葱花饼里加了猪肉。那天晚上，程汝明用一块肥猪肉熬了一碗大油。做葱花饼的时候，程汝明把这碗"液态猪肉"和进了面里，而且还在葱花里掺一些肉丁。当时毛泽东并没觉察出这顿饭的蹊跷，只是盛赞："程师傅的大饼做得香！"

然而没过多久，大饼里的那点事还是露馅了，程汝明随即被告知"不许再做大饼了"。

由于毛泽东每月的伙食费要从当月的工资中扣付，所以程汝明总是想方设法把菜做得既可口又省钱。比如毛泽东爱吃鱼，逢年过节的时候，程汝明就会做个鱼头豆腐。尽管如此"鱼"菜纯属以偏概全，但毛泽东却非常满足。

1972年，一位贵宾的来访，让整日钻研菜品的程汝明见证了美食佳肴也可以作为一种外交手段。2月21日，美国总统尼克松来访，这天中午，钓鱼台为远道而来的美国客人准备了第一次午宴，毛泽东亲自点了三道菜，并指定由程汝明做好后送到钓鱼台。这三道菜分别是烧滑水、鱼翅仔鸡、牛排。"烧滑水"这道菜，对于不喜欢吃多刺鱼的美国人来说并不合适，但毛泽东执意要加上去。就这样，由毛泽东亲点的这三道菜一起端上了尼克松夫妇的餐桌。当尼克松总统及夫人知道这是毛泽东特意安排的时候，非常高兴，而且吃得很干净。吃完之后他们连声道谢，并表示感受到了中国人民的好客之情。

事后，程汝明悟出了这道菜背后所预示的特殊意义。"烧滑水"实际上是用青鱼的尾部做主料，那是鱼身上最有力的一段，它好像是鱼游水时的前舵和推进器。毛泽东可能想借这个寓意，希望中美这两个国家从这一周开始，一起推动两国及世界向前发展。①

给毛泽东做菜不准保留菜谱，最初听到这条纪律，程汝明并不太理解。后来他才知道，如果菜单泄密，领导人的饮食习惯被敌对势力掌握，他们就可能根据这些信息预测领导人的健康变化，然后选择领导身体状况不佳的时候向中国发难。

总之，自从成了毛泽东的厨师，程汝明每天必做的事就是及时"处理"菜单。"每次做饭之前，我要写一份菜单上报，批准之后我再抄一份带到厨房，等饭做完了，我就得把手里的菜单解决掉。"程汝明对这个工作流程的印象很深。

为了保密，有一些事情程汝明还得瞒着家里人。在给毛泽东当厨师的那些年里，程汝明家人只知道程汝明的工作单位是中南海，他寄给家里的信也永远发自"中南海101信箱"。即使同为中南海里的工作人员，程汝明往往也只是和其他领导人的厨师交流一下烹饪经验，并由此得知周恩来喜欢吃狮子头，刘少奇因有胃病而偏爱罐焖牛肉和罐焖鸭子。除此之外，各家首长的其他事大家一概不提。

---

① 吴连登主编：《毛泽东饮食趣谈》，中央文献出版社2012年4月版，第113页。

20世纪80年代，新一届中共中央书记处成立，程汝明又被调进了中南海，主管新一届书记处书记们的餐饮。他不仅工作得井井有条，还带出了一批有水平的年轻厨师。中央书记处的领导们对他的工作都表示了赞许。有时人们会问程汝明："您认为一生最大的成就是什么?"他说："我最自豪的事，是为首长做了一辈子的饭菜都是干净的、安全的。"

　　2002年，北京烹饪协会授予程汝明"国宝级烹饪大师"称号。①

　　① 孟兰英：《我为毛主席当厨师》，2013年1月30日《湖南工人报》，第7版。

★ —————————————

毛泽东发誓不吃肉
杨纯清调制素菜汤

————————————— ★ —————————————

1960年 5月12日，毛泽东抵达武汉，住在东湖客舍的梅岭。

梅岭位于东湖西畔，坐落在郁郁葱葱的绿树丛中。那里是毛泽东晚年工作和生活过的一个比较隐秘的居所，被毛泽东称为"白云黄鹤的地方"。梅岭由三栋具中国传统风格的砖石建筑组成，分别命名为梅岭1号、梅岭2号和梅岭3号。梅岭1号是毛泽东的起居之所，主要包括会议室、办公室及卧室等。梅岭2号是一座两层楼的建筑，有十多个房间和会议室、餐厅、接待室，是警卫人员的住处。梅岭3号是礼堂和游泳池。

千百年来，长江边上的黄鹤楼，犹如武汉江城历史的一面镜子，映照着人间的悲欢离合。黄鹤楼面对浩瀚江流，后有透迤蛇山，登楼远望，天地广阔，吞吐万象，大气磅礴。1927年八七会议之后，心情沉郁的毛泽东赋词一阕：《菩萨蛮·黄鹤楼》. 这首词在《诗刊》上发表后，黄鹤楼的声名就此流誉神州。

东湖宾馆素有"湖北中南海"之称。东湖湖面辽阔，水面达三十三平方公里。绿树葱郁，湖光潋滟。新中国成立后，毛泽东几乎每年都到武汉来。1953年2月16日，毛泽东来到武汉。东湖恬静、优美的自然环境，仿佛世外桃源一般，给毛泽东留下了深刻印象。从此，毛泽东就有了割不断的东湖情结，每年都要到东湖住上一段时间。毛泽东生前曾四十四次下榻东湖宾馆，每次少则十天半月，多则半年之久。新中国成立后，东湖宾馆是除中南海、西湖外，毛泽东工作、生活、居住时间最长的地方。毛泽东之所以喜欢梅岭，史学家分析认为，这可能与他一生喜欢梅花有关。梅岭这个充满诗意的名称，能引起毛泽东无限的遐思。

刚住下李银桥就和接待人员打招呼："不要弄肉给主席吃，要不会发脾气的。"

3月毛泽东来湖北之前就已经给自己定了个"三不"，即不吃蛋、不吃肉、吃粮不超定量。说不吃就绝对一口不吃，不仅不吃肉，而且有二十多天吃饭也很少，有时候就吃一盘菠菜或者一盘马齿苋。抽烟也只抽湖北产的烟味很浓的珞珈山牌香烟。

有一天李银桥帮毛泽东做睡前按摩，发现毛泽东的脚脖子、小腿内侧，皮肉按下去一个坑好长时间都不起来，一点没有弹性，这是典型的浮肿。他有些忧虑地劝毛泽东："主席，你太缺乏营养了，你看……"

还没等李银桥说完，毛泽东接过话头："看什么，脚脖子都长胖了，你还说我缺营养。"

李银桥没办法，只好把情况汇报给王任重。王任重来到厨房，找到杨纯清师傅说："你们一定要想办法，让主席在湖北吃好点。"杨纯清为此动了不少脑子。他将母鸡清炖，然后取出鸡肉，将鸡汤里的肉渣滤干净，最后把青菜叶下到汤里。

毛泽东喝了几口菜汤就发觉了里面的猫腻，他对李银桥说："去问一问杨师傅，这菜汤怎么会有鸡汤味？"杨纯清回话："大概是多放了一点味精。"事后汪东兴开玩笑说："杨师傅的水平高，素菜汤能做出鸡汤味。"

那段时间，为了改善毛泽东的饮食，杨师傅和警卫战士没少下功夫，他们甚至在东湖里打猎，运气好的时候他们能打到野鸡、野鸭，偶尔还捉些鱼虾，丰富毛泽东的伙食。

但是毛泽东对那些山珍海味并不感冒，他有自己的一套理论："所谓的山珍海味并没有什么特殊之处。这些东西本来是老百姓吃的，一旦皇帝老子吃了，它的名望就提高了，到后来高不可攀，神乎其神起来。所以，那些有了权有了钱的人是肯定要想方设法弄来吃的。吃了皇帝老子吃的东西，自己便成了皇帝。这叫沾光吧。"

毛泽东说："本人生来不高贵，故高贵之物不敢问津。"

毛泽东还说："我们活在世上，不是为了吃世界，而是为了改造世界。这才叫人，人跟动物就有这个区别。"①

---

① 章重著：《梅岭——毛泽东在东湖客舍》，中央文献出版社2003年7月版，第328~330页。

新春佳节宴名流
长铗归来食有鱼

1962年 1月31日，正是壬寅年的正月初一，毛泽东选春节这一天宴请了末代皇帝溥仪，还特别邀请了章士钊、程潜、仇鳌和王季范四位社会名流乡友作陪，家宴就设在中南海的颐年堂内。①

上午8点多钟几个陪客的人陆续到了，主宾却还没有来，毛泽东之所以让这几位陪客来得这么早，当然是要和大家多聊一会儿。毛泽东一本正经而又不失诙谐地说："今天请你们来，要陪一位客人。"章士钊环顾四座，觉得有些莫名其妙，

---

① 中共中央文献研究室编：《毛泽东年谱》（1949—1976）（卷五），中央文献出版社版2013年12月版，第82页。

急切地问道："主席，客人是谁呢？"毛泽东吸了一口香烟，环顾大家一眼，故意神秘地说："这个客人嘛，非同一般，你们都认识他，来了就知道了。不过也可以事先透一点风，他是你们的顶头上司呢！"毛泽东的回答为家宴抹上了一层神秘的色彩。大家更糊涂了，都在想："这人是谁呢？"

傍近中午，在工作人员的引导下，一位高个子、五十多岁的清瘦男人，面带微笑举止大方地步入客厅。大家的目光都集中在这位神秘客人身上，既不是人们熟知的国家领导人，也不是报刊上经常登载照片的著名人士。毛泽东显然也是头一次见到这个人，却像老朋友一样迎上去和他握手，并拉他在自己身边坐下，同时向章士钊等人打招呼，用他那浓重的韶山口音微笑着说："你们不认识吧，他就是宣统皇帝嘛！我们都曾经是他的臣民，难道不是顶头上司？"章士钊等人恍然大悟。原来这位正是前年大赦的要犯，万万没想到这位清朝末代皇帝溥仪今天就坐在眼前，当年章士钊主持《苏报》的时候还骂过他呢！

毛泽东指着在座的四位老人向溥仪做了介绍，溥仪态度极为谦恭，每介绍一位，他都站起来鞠躬致意，是那样的和善友好，根本看不出半点皇帝的架子。其实，那时候的溥仪已经没有了架子。

毛泽东对他说："你不必客气，他们都是我的老朋友，常来常往的，不算客人，只有你才是真正的客人嘛！"当时正值国家困难时期，一切从简。虽说设的是家宴，却没有什么山珍海味，既没有燕窝也没有鱼翅，更无往日皇宫里溥仪皇帝吃过的满汉全席。桌面上只有几碟湘味浓郁的辣椒、苦瓜、豆豉等小菜，还有大米饭、馒头，喝的是葡萄酒。

毛泽东边吃边对溥仪说："我们湖南人最喜欢吃辣椒，叫作没有辣椒不吃饭，所以每个湖南人身上都有辣椒味哩。"说着，他夹起一筷子青辣椒炒苦瓜，置于溥仪位前的小碟内。见他已吃进嘴里，毛泽东笑着问他："味道怎么样啊，还不错吧？"溥仪早已经辣出一脸热汗，忙不迭地说："不错，不错。"毛泽东风趣地说："看来你这北方人，身上也有辣味哩！"他指了指仇鳌和程潜，继续对溥仪说道："他们的辣味最重，不安分守己地当你的良民，起来造你的反，辛亥革命一闹，就把你这个皇帝老子撵下来了，是不是？"毛泽东妙语连珠，在座诸位无不捧腹，溥仪笑得前仰后合。真是酒不醉人人自醉啊！

毛泽东听说溥仪在抚顺时已与他的"福贵人"离婚，于是关切地问："你还没有结婚吧？"溥仪彬彬有礼地回答："还没有呢！"毛泽东马上接话："皇上不能没有娘娘呦，你溥仪可以再结婚！不过，要慎重考虑，不能马马虎虎。"说到这里，他深切地望了溥仪一眼，说："因为这是后半生的事。"[①]

溥仪点点头："主席言之有理。"

饭后，毛泽东要与溥仪等客人合影留念，大家非常高兴。毛泽东还特意拉过溥仪，让他站在自己右侧，附在他的耳朵边

[①] 中共中央文献研究室编：《毛泽东年谱》（1949—1976）（卷五），中央文献出版社2013年12月版，第82页。

说:"我们两人可得照一张像哟!"遂请新华社摄影记者为他俩拍了一张珍贵的合照。章士钊笑道:"这叫开国元首与末代皇帝。"一句话说得大家再次笑了起来。

就在毛泽东家宴过后不久,经文史资料专员周振强和人民出版社编辑沙曾熙的热心撮合,溥仪认识了北京朝阳区关厢医院的女护士李淑贤,他们经过三个月甜蜜的恋爱,于1962年4月30日在南河沿政协文化俱乐部礼堂举行了世人瞩目的婚礼。

毛泽东不仅十分关心溥仪,而且对溥仪家族其他成员也经常过问、关怀备至。1950年8月10日,年过六旬的载涛被安排为军委炮兵司令部马政局顾问,毛泽东亲自签发委任令,给他定为行政十三级,月工资近二百元,使这个皇帝的亲人成为国家高级干部,还月发车马费五十元,继而又被选为人大代表、政协委员。载涛做梦也没想到自己不仅政治上有了地位,而且生活有了保障,能得以发挥专长。如此高官厚禄,他反而深感不安起来:"我和毛主席不曾见过,他怎么这样能理解人?"载涛夜不能寐,恭恭敬敬地给毛泽东写了一封倾诉无限感激之情的长信。为了报答知遇之恩,他兢兢业业、一心一意地投入到工作中,每天骑车到马政局机关上班,往返数里,风雨无阻。中央领导得知后,通过军委总参转致载涛:"载涛顾问:我们考虑到你已年迈,每日在马政局工作恐有不支,为照顾您的健康,决定自即日起请您在家住宿,平时可不到局办公,遇有磋商事务时,当有马政局临时通知,派车来接。特此,顺祝健康,并致敬礼。"

载涛再次受恩后,泪水夺眶而出,对亲人说:"这种特殊优待，除了共产党，谁能办得到？"

1964年2月13日，农历正月初一下午3时，毛泽东亲自主持春节座谈会，党中央有关领导同志及著名党外人士章士钊等人在场。会上，毛泽东对与会者说："对宣统，你们要好好团结他。他和光绪皇帝都是我们的顶头上司，我们做过他们的老百姓。"说到这里，他加重了语气："听说溥仪生活不太好，每月只有一百八十多元薪水，怕是太少了吧！"毛泽东扭头对坐在右侧的章士钊继续说："我想拿点稿费通过你送给他，改善改善生活，不要使他长铗归来兮食无鱼，人家是皇帝嘛！"章士钊说："宣统的叔叔载涛的生活也有困难。"毛泽东接话说："我知道他去德国留过学，当过清末的陆军大臣和军机大臣，现在是军委马政局的顾问，他的生活不好也不行。"

春节座谈会刚刚结束，毛泽东立即从个人稿费中拨出两笔款项，请章士钊分别送到西城东观音寺胡同溥仪家和东城宽街西扬威胡同载涛家。溥仪感动至极，表示盛情可领，钱不能收，因为《我的前半生》刚刚出版，也将有一笔稿酬收入，生活并不困难。经章士钊一再劝收，只好留下了。溥仪激动万分，当即口占一诗曰："欣逢春雨获新生，倾海难尽党重恩。"载涛接到毛泽东赠送的修房款后，激动得泣不成声，提笔疾书，第二次给毛泽东写下了发自内心的谢函。

不久，有关部门将溥仪的工资也由一百八十元增至二百元。"文化大革命"期间，溥仪不但人身受到保护，而且生活也有保障，二百元工资照发，并保证细粮供应。

溥仪与毛泽东的合影算是他的至宝了。自合照以后，无论住在单身宿舍，还是有了家庭，他总把这张照片摆在床头茶几上，像无价珍宝似的珍藏着。"文化大革命"时期，他担心照片被红卫兵抄走，故上缴政协机关保存，不料因机关人员调动，竟从此下落不明。为此溥仪花了很大的精力东寻西找，但最终成为终生遗憾。他对亲友们说："毛主席与我的合照虽已失掉，但党和毛主席对我的关心与爱护永远铭记在心中。"①

① 宋一秀、杨梅叶编著：《毛泽东的人际世界》，中央文献出版社2000年10月版，第441~442页。

毛泽东品尝"赫鲁晓夫"
"古拉希"发源布达佩斯

1962年 7月的一天，毛泽东的厨师周福明陪毛泽东吃饭，那时候我国的经济状况已经稍有了一些好转，毛泽东的饭桌上终于又可以见到肉星了。那天厨师为毛泽东做了一道咖喱牛肉，也就是把牛肉炖烂了，土豆炸熟了，再同时放到锅里用咖喱粉来个一勺烩，做法并不复杂。

那天因为有周福明陪毛泽东一起吃，所以饭菜在量上比平时大了一些。周福明用竹提篮一次没有装下，所以就分成了两次。第一趟把米饭、玉米和小菜端上了桌。当时，主席还躺在床上看书，周福明招呼毛泽东起来用餐，然后又去厨房把主菜和汤端上来。周福明从厨房回来的时候，毛泽东已经坐在了床边的小餐桌上。

周福明把竹篮子里面的盘子一一摆放到桌子上，那盘红黄混杂的咖喱牛肉也摆到了桌子上。毛泽东一眼就盯上了那盘咖喱牛肉，他用手指着那盘菜风趣地说："土豆烧牛肉，赫鲁晓夫的共产主义，我们先来享受。"

还没等周福明坐稳，毛泽东就给周师傅夹了一筷子咖喱牛肉："来，小周，先吃'赫鲁晓夫'。"

周福明被毛泽东的幽默逗笑了。毛泽东见小周师傅笑了，自己也笑了起来。周师傅也夹了一些咖喱牛肉放到毛泽东的碗里："主席，您也先吃'赫鲁晓夫'。"①

年纪大一些的人应该还记得，在20世纪五六十年代中苏思想意识论战时期，在报刊上经常看到批判赫鲁晓夫的"土豆烧牛肉共产主义"，这里面是有典故的，说来话长。

2013年4月16日的《大公报》上有前驻联邦德国大使王殊的一段回忆：1958年三四月份，我从卡拉奇回北京参加新华社西亚北非分社会议。当时新华社派驻国外的记者很少，主要是在苏联、东欧和东南亚、西亚以及北非一些国家。一天傍晚，大家吃过晚饭后等着看电影，参考消息编辑部的两个编辑找到我们，说刚收到赫鲁晓夫访问匈牙利的几条消息，赫鲁晓夫在一次群众集会上的讲话中说，到了共产主义，你们都可以吃"古拉希"了。"古拉希"是匈牙利有名的佳肴，如何译成中文呢？如果直译为"古拉希（GULASCH）"，中国人不知道是什

---

① 顾奎琴主编：《毛泽东保健饮食生活》，广东人民出版社2003年10月版，第80~81页。

么东西，在译音后面加上括弧注译，又嫌文字太长。到过苏联、东欧的记者吃过这道菜，也知道这个词，说不过是土豆烧牛肉罢了。后来，几个编辑经过商量决定就译为"土豆烧牛肉"。

原来，赫鲁晓夫同志当年去匈牙利首都布达佩斯吃了一顿美味的"古拉希"，肯定是吃高兴了，后来脑洞一开，在布达佩斯的群众大会上演讲，就顺嘴说出了"到了共产主义，匈牙利就经常可以吃土豆烧牛肉了"这种雷人的名言。当然，这不过是赫鲁晓夫取悦匈牙利人的玩笑之词而已，并不是说共产主义的标准，就是大家都能吃上"古拉希"。然而，当时正值中苏论战十分激烈之际，一些秀才看到《参考消息》上登载的"土豆烧牛肉"，于是就借题发挥，"土豆烧牛肉"成了我们调侃这位苏共总书记的专有名词了。

其实，匈牙利这道普通的家常菜，引来的是是非非还远不止这些。1958年，中国搞"总路线、大跃进、人民公社"，塔斯社记者将这种情况向赫鲁晓夫做了汇报，或许是赫鲁晓夫对土豆烧牛肉情有独钟吧，就说了一句风凉话：中国的共产主义原来是大锅清水汤，苏联要搞共产主义，起码是土豆烧牛肉。

中国绝对是饮食大国，东南西北聚集着那么多各具特色的美食，上档次的八大菜系、满汉全席，随便端上来几道菜都会对你的舌尖构成极大的诱惑，怎么能输给苏联老毛子那道老是喋喋不休挂在嘴上的土豆烧牛肉呢？1965年，毛泽东写了一首词《念奴娇·鸟儿问答》，其中就有了这么几句："不见前年秋月朗，订了三家条约，还有吃的，土豆烧熟了，再加牛肉。不须放屁，试看天地翻覆。"这算是对赫鲁晓夫在1958年与英美签署的美英苏条约，以及"土豆烧牛肉共产主义"风凉话的一种回应了。

其实"古拉希"这道名菜，欧洲人基本都知道，而且都吃过。在德国的大城市里，就有一家或几家匈牙利饭店，其中有的干脆饭店的名字就叫"古拉希"，而且德国饭店也供应这种美食。

"古拉希"的做法很简单，把上等牛肉和土豆装在陶器罐子里，加上红辣椒和其他调料，在文火上炖得烂烂的，汁水也浓浓的，很像我们平时做的土豆炖牛肉。"古拉希"来自马扎尔语"香草"（gulya）一词。除了其发源地匈牙利外，奥地利、克罗地亚、捷克、斯洛伐克、德国、波兰、罗马尼亚、塞尔维亚等国也将撒上辣椒粉的肉类菜肴统称为"古拉希"，这种菜还被匈牙利移民带到了北美洲和澳大利亚，成为餐馆里的常见菜，并在二战后被中欧犹太移民带到了以色列。随着"古拉希"这种美食的不断传播，也被各地不断改进，出现了多种风味不同的做法。最正宗的古拉希是使用大量红辣椒粉和大蒜调制的肉汤炖肉，然后加上土豆块或面条；第二种是用肉和切碎的洋葱、胡萝卜、西红柿、欧洲防风草、大蒜、芫荽籽和葡萄酒烹制，然后用酸奶油或蛋黄勾芡，这是一道味道浓郁的佳肴；还有第三种，这第三种口味比较清淡，使用的原料有肉、蘑菇、奶油、大米、豌豆和其他蔬菜（有时甚至还加上苹果和浆果）；最可口的是"塞克勒古拉希"（Gulyas a la Szekely），一种特兰西瓦尼亚地方口味的土豆牛肉浓汤，使用的是各种肉类、香肠、酸奶油、辣椒粉和卷心菜。

制作"古拉希"的肉其实不一定是牛肉，也可以用猪肉、羊肉和野猪肉，但最常用的还是牛腿肉和牛肩肉。在第二次世界大战末期，德国党卫军第二"帝国"装甲师一位名叫弗里德里希·胡克的士兵回忆1945年3月底向奥地利撤退时吃到的匈牙利伙食，有这样一段精彩的描述："3月底的时候大部队开始向维也纳方向撤退……我饿极了……有一天大伙经过一支匈牙利部队，那时正是开饭时间，匈牙利人在供应食物。我停下卡车，情不自禁地把鼻子探了出去。这是多么美妙的气味啊！我留下一个卫兵看着卡车，带着其他战友加入了战地炊事车前匈牙利人排成的长队中。炊事员在我们的饭盒里舀了满满的土豆、卷心菜、肉和一根火红的香肠，里面撒了红辣椒粉和胡椒粉，炖得像火一样烫，我们还得到了一杯酒。这是我第一次也是最后一次尝到真正的古拉希。这顿饭像在我身体里从头到脚升起了一团火……"

做"古拉希"必不可少的原料是辣椒粉，这种原产于美洲的调味品可能是在17世纪时由奥斯曼土耳其人从印度传来的。最初辣椒被匈牙利人称为"异教徒的胡椒"，由于属于龙葵科而被认为有毒不宜食用，只是种在上流社会的庭院里当作观赏植物。但是对穷人来说，辣椒却是经济又实用的调料，特别是用猪油炸的时候更是香味扑鼻。此外，当时的人还认为辣椒编制的花环和辣椒粉可以驱逐吸血鬼。经过一系列的演变，辣椒终于广泛地应用在匈牙利菜肴中，并堂而皇之地摆在从总统到农民的餐桌上。受大陆性气候的影响，平坦而肥沃的匈牙利大平原上成长出来的匈牙利辣椒，不论是甜的还是辣的，都别具风味。

一道土豆烧牛肉扯出了这么多闲话，就此打住。

毛泽东生日宴劳模
陈永贵五十知天命

三届人大一次会议期间，发生了一件令陈永贵终生难忘的事情。那一天恰好是1964年12月26日，是毛泽东的七十一岁生日。毛泽东在人民大会堂的小宴会厅里安排了三桌酒席，用他自己的话说，是用自己的稿费请大家吃顿饭。他非常重视那次生日酒会宴请的客人，就连哪位客人坐在哪个座位上，他都亲自列了单子，交给汪东兴等人去安排。

那天人大会的日程刚刚结束，陈永贵和往常一样，随着大家一起走出会场。忽然听到周恩来在背后喊他的名字："永贵同志！"他回过头来的时候，周恩来快步走了上来。周恩来告诉他："今天晚上不用到大灶吃饭了，跟我来吧！"

周恩来对陈永贵说："今天是主席的生日，毛主席特意把

311

你请来。"陈永贵一听是毛主席请他吃生日酒席,高兴得不得了,激动的心情久久难以平静下来。周恩来接下来又介绍说:"今天应邀参加毛泽东生日宴的还有大庆工人代表王进喜、著名科学家钱学森和知识青年的代表邢燕子、董加耕等人。"

不一会儿,陈永贵随周恩来来到了休息室,朱德委员长已经先到了。陈永贵立即向朱德委员长问好,两个人亲切地攀谈起来。朱德委员长抗战期间在太行山敌后打过日本鬼子,熟悉那里的情况,二人聊得自然很愉快。说话间周总理看了看表说:"时间快到了,咱们去餐厅等主席。"

参加宴会的还有刘少奇、邓小平等很多中央领导,李富春、陶铸、曾志、胡耀邦等人最早来到餐厅,其他人也陆续来到。陈永贵随周恩来、朱德委员长刚到餐厅不一会儿,毛泽东就面带笑容地走进了餐厅。大家纷纷向毛泽东致意,毛泽东也和大家一一握手。毛泽东对陈永贵似乎表现出了充分的热情,边与他握手边说:"永贵好啊!"然后毛泽东又与王进喜、钱学森等人握手。

毛泽东进来环视了一下四座,说道:"东兴和罗长子、陶铸让我请客,好嘛,今天我来请。"按照毛泽东的意见,座席安排得也很有特点。毛泽东将陈永贵、王进喜、钱学森、邢燕子、董加耕等人安排在自己的餐桌上。毛泽东还特意招呼陈永贵坐到自己身边来,陈永贵似乎有点受宠若惊的样子,觉得不太合适,谦虚地说:"还是让给年轻人吧。"于是,邢燕子、董加耕两个年轻人坐到了毛泽东身边。坐在这一桌的领导干部只有罗瑞卿和从广东来的陶铸及陶铸的夫人曾志,其余的领导干部，如刘少奇、周恩来、邓小平等都被安排在了另外的餐桌上。

宴会开始后，毛泽东首先讲了几句开场白。毛泽东说："今天既不是祝生日，也不是祝寿，而是实行'三同'。我用自己的稿费请大家吃顿饭。我的孩子没有来，他们没有资格。这里有工人、农民、科学家、解放军，不光是吃饭，还要谈话嘛！"

毛泽东简单的开场白讲完后，举起酒杯提议为大家干杯，大家也起立为毛泽东的健康长寿干杯。毛泽东不喜欢喝酒，杯里的葡萄酒也只是沾沾嘴唇便放下了。但作为席上的主人，他却不断地劝陈永贵与王进喜等人吃菜。他见陈永贵有些拘谨，就说："永贵，吃菜，吃菜嘛！"陈永贵确实是在紧张和拘谨中吃完的那顿饭，以至于事后他竟然说不出那天究竟吃了些什么。多亏周恩来出来打圆场，总理先是和陈永贵碰了一杯，又提议陈永贵、王进喜、钱学森互相碰一杯，这才使气氛活跃了一些。陈永贵感觉到了，毛泽东和这些人在一起心情是非常轻松和愉快的。

毛泽东亲切地和大家聊着，对陈永贵说："你是农业专家噢！"

毛泽东是湖南人，虽然一生走南闯北，却依然是乡音无改。陈永贵根本听不懂毛泽东的湖南话，再加上心情紧张，在没有听懂的情况下就稀里糊涂地点头说"嗯"。毛泽东知道他没有听懂自己的话，便对他又重复了一次。周恩来也在一旁向他解释毛泽东的意思，陈永贵这才知道自己弄了个笑话出来，赶忙红着脸纠正说:"不,不,我不是农业专家!"

席间毛泽东还问起陈永贵的年龄,陈永贵据实回答说今年五十岁。毛泽东一听这个岁数,又来了兴致,风趣地说:"噢,五十而知天命喽!搞出一个大寨来,很好!"

"五十而知天命"是孔子的一句话。这是毛泽东的语言风格,他说话时就喜欢引经据典。问题是陈永贵根本没听清楚毛泽东的湖南腔调。好在"君子不二过",他不会重犯刚才的错误了,这一次,他既没有点头,也没有"嗯"着附和,而只是抿着嘴在那里笑。

也就是在这次宴会上,毛泽东还对陈永贵说起了贾进财。看来毛泽东对大寨的故事已经知道了不少。他说:"贾进财举能让贤,才使你出峥嵘,这种事历史上也有过,但确实少。"说到这里,他又对另外的几位劳模讲:"你们有了成绩,不要翘尾巴,做一点不要翘尾巴,做两点不要翘,做出三点四点更不要翘,翘尾巴不好,要夹着尾巴做人。"

在毛泽东的生日宴会上做客,令陈永贵终生难忘。①

---

① 陈春梅著:《我的爷爷陈永贵——从农民到国务院副总理》,作家出版社2008年6月版,第190~193页。